Berni Mayer

ANLEITUNG ZUM TRAURIGSEIN

Berni Mayer

ANLEITUNG ZUM TRAURIGSEIN

Wie ich gelernt habe, mit der Trauer zu leben

DUMONT

Von Berni Mayer sind bei DuMont außerdem erschienen:
Rosalie
Ein gemachter Mann
Das vorläufige Ende der Zeit

MIX
Papier | Fördert gute Waldnutzung
FSC® C083411

Das bei der Produktion dieses Buches entstandene CO_2 wurde durch die Finanzierung von Klimaschutzprojekten kompensiert:
climate-id.com/17531-2110-1001/de

1. Auflage 2023

Umschlaggestaltung: Lübbeke Naumann Thoben, Köln
Redaktion: Kerstin Thorwarth
Satz: Angelika Kudella, Köln
Gesetzt aus der Adobe Garamond Pro
Druck und Verarbeitung: CPI books GmbH, Leck
Gedruckt auf säurefreiem und chlorfrei gebleichtem Papier
Printed in Germany
ISBN 978-3-8321-8226-7

www.dumont-buchverlag.de

Für meine Familie

INHALT

1

Luxustrauer

Ich wäre gerne viel öfter traurig.

Ich meine die Traurigkeit, wie man sie auch aus der Populärkultur kennt. Aus Filmen, Serien und Büchern. Bei der jemand verzweifelt alles aus sich rausheult. Bei der es jemanden grässlich sticht in der Herzgegend. Bei der man sofort begreift: Dieser Mensch ist traurig, und man weiß auch, warum.

Eine situative, komprimierte Traurigkeit mit konkretem Anlass – so eine Traurigkeit würde ich gerne öfter empfinden.

Ich würde gerne öfter eine Stunde lang auf meiner Couch vor mich hin weinen und vielleicht dabei melancholische Popsongs wie »*Funeral*« von Phoebe Bridgers oder »*This Life*« von Vampire Weekend hören. Oder auch nachts im Bett liegen, über den Verlust unserer Tochter nachdenken und irgendwann unter Tränen einschlafen. Und doch gelingt mir das höchstens zweimal im Jahr.

Für mich ist eine zielgerichtete und zeitlich begrenzte Trauer ein seltener Glücksfall. Ein Erfolg meiner Trauerarbeit. Dann ist meine Trauer isoliert, dann habe ich sie im Griff. Dann liefert sie eine unmittelbare Katharsis und endet in erlösender Erschöpfung. Und dann geht es mir für kurze Zeit tatsächlich besser.

Das ist die Luxustrauer. Das ist nicht die Trauer, die mir im Alltag zu schaffen macht. Die mich lähmt und belastet. Die ich überwinden muss, um in Kontakt mit meinem Sohn, meiner restlichen Familie, meinem Umfeld und mir selbst zu bleiben. Die Luxustrauer ist eine willkommene Auszeit. Während sie anhält, muss ich nichts machen, ich kann einfach nur traurig sein. Die alltägliche Trauer ist tückischer, auf keinen Moment festlegbar, sie schleicht sich in alle Vorgänge und Gedanken. Um sie geht es in diesem Buch.

Mit dieser Trauer muss ich die meiste Zeit leben. Oft erkenne ich sie nicht mal auf den ersten Blick als Trauer. Sie erschöpft mich und höhlt mich wie eine chronische Erkältung aus. Sie tritt als Angespanntheit und Wut in Erscheinung, als scheinbar grundloser Frust und Defätismus. Als Müdigkeit, die sich bemerkbar macht, wenn ich mit meinem Sohn für die Klassenarbeit Bruchrechnen lerne und ungehalten auf seine falschen Antworten reagiere oder existenziell mit meiner Freundin streite, selbst wenn es dabei nur um die Konsistenz von Porridge geht. Wenn ich Fahrradfahrer anschreie, die mir die Vorfahrt nehmen. Wenn ich manchmal mitten am Tag erschöpft auf der Couch einschlafe, obwohl ich eigentlich früh im Bett war. Wenn mir Konflikte buchstäblich auf den Magen schlagen und womöglich den kleinen Riss in meiner Speiseröhre verschlimmern. Wenn mein Zahnfleisch auch mit der neuen Krone nicht aufhört zu schmerzen. Wenn ich in Stresssituationen plötzlich dieses Pfeifen im Ohr habe.

Das ist die Art von Trauer, die ich gerne wieder loswerden will. Die ich unbeschadet überstehen will, auch wenn es dafür vermutlich zu spät ist.

Der argentinische Autor und Psychiater Jorge Bucay schreibt in seinem *Buch der Trauer*:

> Ich habe den Eindruck, das Geheimnis, mit unseren Verlusten zurechtzukommen, besteht genau darin, dass wir uns dazu durchringen, die Trauer auszuhalten, sie als Teil des Weges zu verstehen (…).[1]

In diesem Buch möchte ich beschreiben, was ich unternommen habe, um die Auswirkungen von Trauer auf mein Leben zu erfassen und in Schach zu halten. Doch ein Teil dieses Wegs besteht nach wie vor im geduldigen Aushalten eines Zustands. Oder um es weniger passiv zu formulieren: im Beobachten, wie sich dieser Zustand langsam verändert. Manchmal über Jahre hinweg.

Bucay schreibt auch, Trauer sei keine Krankheit, sondern »ein Prozess, der zur Überwindung eines Verlusts«[2] notwendig sei. Also ein Heilungs-, aber vielleicht noch mehr ein Verständnisprozess.

Ich habe nie eine völlige Heilung, eine Wiederherstellung angestrebt; ich habe recht schnell erkannt, dass es keinen Weg zurück in den Zustand vor dem Verlust gibt. Ich habe auch nichts gegen das Traurigsein, ich bin sogar gerne traurig. Aber ich will verstehen, was die Trauer mit meinem Geist und Körper macht, wo sie mir schadet und wo sie mir vielleicht sogar nützt. In der Psychotherapie spricht man auch vom *Dual Process*. Dieser Theorie zufolge sind unsere Gedanken das Ergebnis zweier verschiedener Prozesse: eines impliziten, also automatischen und unbewussten Prozesses und eines expliziten, also kontrollierten und bewussten Prozesses. In meinem Fall handelt es sich um ein Oszillieren zwischen Alltag und Ausnahmezustand, eine gleichzeitige Anwesenheit von Trauer und Klarkommen. Das ist das Verständnis von Trauer, das diesem Buch zugrunde liegt. Doch die Prozesse kann man verstehen lernen, man kann sich das diffus im Innern Wirkende bewusst machen und einen gesünderen aktiven Ausdruck dafür suchen. Und derartige Aktivitäten, mit denen wir unsere Trauer ausdrücken oder auch nur besser aushalten können, ermöglichen letztlich eventuell doch so etwas wie Linderung. So ist der Kern meiner »Anleitung zum Traurigsein« eine Kombination aus Bewusstmachen, Verstehen und Aktivität.

Spätestens jetzt sollte ich erklären, warum ich überhaupt traurig bin, oder? Was ist mein konkreter Anlass? Dazu komme ich gleich, doch genau genommen empfinde ich schon lange eine subtile, unkonkrete Trauer. Mindestens seit ich zwölf war. Damals habe ich nachts Tolkiens *Herr der Ringe* gelesen und nebenbei heimlich Radio gehört, denn ich durfte als Kind nicht lange aufbleiben. Im Radio lief »*All You Zombies*« von den Hooters oder »*Kayleigh*« von Marillion. Melancholische Songs, die eine Seite in mir ansprachen, die vielleicht schon mit zwölf geahnt hat, dass das Leben eine mindestens sehr emotionale und vermutlich verlustreiche Angelegenheit werden könnte. Diese Songs schienen das anzuerkennen. (So funktioniert Popmusik ja ohnehin. Man hört sie und fühlt sich in seiner Lebenswirklichkeit gesehen.)

Im ersten Teil vom *Herrn der Ringe* durchqueren die Gefährten des larmoyanten Ringträgers Frodo und der zen-artige Superzauberer Gandalf irgendwann die Minen von Moria. Man weiß natürlich, dass etwas Schlimmes passieren wird, doch merkwürdigerweise habe ich vor allem in der Antizipation der Katastrophe, auf jenen Buchseiten, bevor alles den Bach runtergeht, Trost gefunden. Denn es ist ja noch nicht so weit, noch singen die Hooters in meinem Kopfhörer, noch greifen die Orks nicht an, noch lebt Gandalf. Diese vorgewitterliche Stimmung, die Ruhe vor dem großen Desaster hat sich damals zu einer Art emotionaler Grundhaltung bei mir herauskristallisiert. Noch mag alles in Ordnung sein, alles da sein, wo es hingehört, aber die Veränderung ist längst im Gange. Ein Verlust steht bevor.

Im Japanischen gibt es den Ausdruck *mono no aware*, den man vereinfacht mit »Traurigkeit der Dinge« übersetzen könnte. Gemeint ist das Wissen um die Vergänglichkeit allen Seins, die Fähigkeit, darin Schönheit zu erkennen, und eine Empfindung, die Freude, Trauer und Hinnahme vereint. Im englischen Wikipedia-Eintrag dazu ist das sehr treffend mit »*transient gentle sadness*«[3], also einer »vorübergehenden sanften Traurigkeit« beschrieben.

So habe ich schon als Teenager empfunden – wenn auch damals eher unbewusst – und tue es heute noch. Vermutlich ist auch Selbstschutz Teil dieses Konzepts: Erwarte das Schlimmste, und freu dich über den wesentlich glimpflicheren Ausgang.

Schlimmes ist mir aber zunächst weder in meiner Jugend noch in meiner Zeit als junger Erwachsener zugestoßen. Mit vierzehn hatte ich mal einen Mofa-Unfall, nach einer Party mit viel zu viel Alkohol für einen Vierzehnjährigen. Dabei habe ich mir einen Schädelriss zugezogen, doch nach ein paar Wochen Kopfverband und Hausarrest war das ausgestanden.

Mein größtes Unglück war lange Zeit der Liebeskummer – bis heute eins meiner chronischen Leiden, eins, das ich am dringendsten loswerden will. Ich lasse mich auch nicht mehr von seiner Ästhetisierung durch die Popkultur blenden, ich kann Liebeskummer auf den Tod nicht ausstehen. Nicht nur, weil er zermürbend ist, sondern auch, weil er und mein begleitendes Selbstmitleid oft dringlichere Probleme beiseitewalzen. Oder mich taub machen für die Probleme anderer.

Als ich Anfang zwanzig war, starb meine Oma mütterlicherseits, die ich wirklich sehr gernhatte, und ich habe mich regelrecht geschämt, weil ich keine ordentliche Trauer empfinden konnte, dafür aber den ganzen Tag lang über eine Ex-Freundin nachdenken musste. Erst bei der Beerdigung erinnerten mich das bleiche Gesicht meiner Mutter und die Tränen meines Onkels an den Verlust, den wir alle gerade erlitten hatten.

Bis zum Tod meiner eigenen Kinder überforderte der Verlust von Menschen mich derart, dass ich eigentlich fast gar nichts empfunden habe. Liebeskummer hingegen konnte ich immer deutlich fühlen.

Ich weiß bis heute nicht genau, was ich davon halten soll, dass mich Trennungen oder Beziehungskrisen in so marianengrabentiefe Ratlosigkeit und Trauer stürzen. Glaubt man dem, was ich mal auf der Website einer Krankenkasse gelesen habe, dass die durch Liebe und Drogensucht ausgelösten Empfindungen im selben Bereich des menschlichen Hirns angesiedelt seien, dann bin ich vielleicht ein Emotionssüchtiger, und der Entzug ist die Hölle. Möglicherweise steckt auch nur eine Art Narzissmus dahinter.

Zumindest kann ich diesen leidigen Zustand mittlerweile als eine Art Maßangabe für Trauer benutzen. Als unsere Tochter ihre Krebsdiagnose bekam, konnte ich mit Bestimmtheit sagen: Das fühlt sich nicht an wie schlichter Liebeskummer, sondern wie Liebeskummer im Quadrat. In gewisser Weise war ich dankbar für diesen scheinbar profanen Vergleich, weil ich die Trauer dadurch einordnen konnte.

Aber ich wollte ja darüber schreiben, was der konkrete Anlass für meine Trauer und damit für dieses Buch ist.

2016 war ein schwieriges Jahr. Meine Ehe wies etliche Sollbruchstellen auf, wir hätten uns intensiv damit auseinandersetzen müssen, im Idealfall via Paartherapie, aber mindestens in

Gesprächen und womöglich mit neuen Strategien des Zusammenlebens. Dazu kam ein Bandscheibenvorfall, der mich ein paar Wochen lang außer Gefecht setzte. Meine Familie bestand zu der Zeit aus meiner Frau und mir, unserem fünfjährigen Sohn Ludwig und unserer anderthalbjährigen Tochter Olivia, und ich war einigermaßen erstaunt darüber, wie stressig das Leben mit zwei Kindern geworden war, hatte mich doch beim ersten die Euphorie über Unannehmlichkeiten wie wenig Schlaf und ein Übermaß an Kindergarten-Viren locker hinweggetragen. Meiner Frau ging es ähnlich, und so kann man zusammenfassend konstatieren, dass wir beide im Sommer 2016 nicht gerade im Vollbesitz unserer physischen und mentalen Kräfte waren.

Irgendwann fing Olivia an, den Kopf schief zu halten und beim Laufen auffällig oft zu stolpern. Doch erst als sie sich ein paar Tage in Folge morgens auf nüchternen Magen übergab, wurden wir nervös und brachten sie nach mehrmaligen Kinderarzt-Besuchen schließlich zur Untersuchung in eine Klinik. Ich kann mich noch genau daran erinnern, wie ich mit meinem Sohn an jenem Tag stundenlang durch Berlin lief, vom Einkaufszentrum zum Comicladen, während ich ängstlich auf den Anruf meiner Frau wartete. Auf die Nachricht, was denn nun los war mit Olivia. Der Anruf kam gegen acht Uhr abends, und ich hatte kein gutes Gefühl, als ich ihn entgegennahm. Zu lange schien mir das in der Klinik zu dauern für ein Happy End. Doch dann war es schlimmer als alles, was ich mir ausgemalt hatte: Im Krankenhaus wurde eine extrem aggressive und womöglich unheilbare Hirntumorart festgestellt.

Mithilfe einer Notoperation konnte man den Tumor zunächst komplett entfernen, und das sogar ohne sichtbare Schäden und Folgeerscheinungen. Olivia kam nicht nur schnell wieder auf die Beine, sondern fühlte sich auch bald sichtlich besser als zuvor.

Erst nach und nach hat stellte sich heraus, dass ihr und unserer Familie die größten Herausforderungen und der größte Verlust noch bevorstanden.

Nach einem kräftezehrenden Jahr mit Chemotherapie, Bestrahlung, endlosen Klinikaufenthalten und Blutkontrollen, nach einer Phase ihrer totalen Isolation zu Hause ohne Kita wegen des fehlenden aktiven Immunsystems und nach einer kompletten Restrukturierung unseres Alltags kehrte im Sommer 2017 endlich wieder so etwas wie Normalität ein. Olivia konnte aufs Neue in den Kindergarten gehen und größer, anstrengender, lauter, witziger und liebenswerter werden. Und sich die Haare lang wachsen lassen. Nachdem sie schon einmal alle verloren hatte, war ihr das sehr, sehr wichtig.

Und doch haben meine Frau und ich uns genau am Anfang jenes Sommers getrennt. Unsere Eheprobleme hätten Reserven gebraucht, die wir nach dem vergangenen Jahr einfach nicht mehr hatten. Unsere gesamte restliche Energie galt jetzt den Kindern. Trotz aller Fortschritte hatten wir immer noch eine chronisch krebskranke Tochter und einen ziemlich verunsicherten Sohn, der gerade erst eingeschult worden war. Dazu kam jetzt eine Trennung mit all ihren logistischen Implikationen. Ich zog zum Glück nur ein paar Häuser weiter in eine neue Wohnung, und so teilten wir uns von Anfang an die Zeit mit den Kindern gerecht auf, ohne dafür durch die halbe Stadt fahren zu müssen.

Nach anderthalb Jahren, in denen es Olivia erstaunlich gut gegangen war, wurde ein neuer Tumor gefunden. An einer anderen Stelle. Das bedeutete, dass der Krebs nicht unter Kontrolle zu bringen war. Ab diesem Zeitpunkt wurde Olivia palliativ behandelt. Bereits nach der ersten Diagnose hatte man ihr eine kurze Lebenserwartung attestiert, aber ihre gute Verfassung lenkte uns lange davon ab und ließ uns zwischendurch auf eine Art Wunder hoffen. Zwar wurde auch dieser zweite Tumor so vollständig wie möglich operativ entfernt – und eine Kurzzeitbestrahlung erlaubte uns 2018 ihren vielleicht schönsten Herbst –, doch jetzt war das Ende in Sicht. Wir versuchten, das Beste aus der ihr noch verbleibenden Zeit zu machen: Sie fing mit Ballettunterricht an, wir unternahmen zahlreiche Ausflüge und feierten ihren Geburtstag und Weihnachten mit einer neuen Intensität.

Im Frühjahr 2019 verursachte das Rezidiv dann eine Gehirnblutung, und unsere Tochter starb unerwartet schnell und schmerzfrei. Das Bild von einer friedlich eingeschlafenen, äußerlich noch vital wirkenden Olivia im Gedächtnis behalten zu können, ist womöglich überlebenswichtig für mich gewesen.

Unmittelbar nach ihrem Tod trat ein seltsamer Effekt ein: Ich fühlte mich erleichtert. Frei. Dachte Dinge wie: Du musst dich jetzt nur noch um ein Kind kümmern, das wird kein Problem. Du musst dein Leben nicht mehr nach diesen furchtbaren MRT-Terminen ausrichten, die schon Monate vorher alles überschatten. Du bist endlich raus aus diesem Unheil antizipierenden Dauerzustand, du kannst mit deiner Freundin ins Museum oder ins Kino gehen, ohne Angst zu haben, dass nachts das Telefon klingelt und du ins Krankenhaus musst. Du kannst Urlaube und Reisen planen. Du kannst wieder darauf hoffen, dass es irgendwann besser wird.

Dieser hoffnungsvolle Zustand hielt ungefähr drei Wochen lang an. Was danach kam, war ein wilder Ritt, um es milde auszudrücken. Innerhalb von Tagen verwandelte sich die Aufbruchseuphorie in ein Gefühl tiefster Sinnlosigkeit, neue Kraft in absolute Erschöpfung – und dann ging das Ganze wieder rückwärts und noch mal von vorne los.

In den nächsten vierzehn Kapiteln folgt der Versuch, nachzuvollziehen, was ich alles unternommen habe, um mich meiner eigenen Trauer anzunähern, mich mit ihr zu verständigen, mit ihr zu leben. Es ist womöglich eine andere Art von Trauerarbeit als die, die viele Kolleginnen und Kollegen in der Trauerliteratur beschreiben, denn sie stellt keine Theorien auf und gibt keine allgemeingültigen Tipps. Sie resultiert aus meiner persönlichen Biografie und meinen individuellen Bedürfnissen, sie zeigt, was mir geholfen hat, und versucht zu ergründen, *warum*. Ich hoffe aber stark, dass man ihr als Leserin und Leser brauchbare Mechanismen entnehmen kann, die zu einem integrativeren und wohlwollenderen Umgang mit der eigenen Trauer führen, zu einer »*transient gentle sadness*«, die nützt, statt zu schaden.

Selbst wenn das Buch auf meiner Geschichte und der meiner Familie beruht, kann man es dennoch als Ratgeber lesen. Wenn ihr ebenfalls Verlust und Trauer erfahren habt, dann werden euch vermutlich viele Strategien bekannt vorkommen, und ihr werdet auf die eine oder andere Art auf meine Erlebnisse reagieren. Vielleicht erkennt ihr euch wieder, seid sogar inspiriert, vielleicht schlagt ihr aber auch gegenteilige Wege ein. Im besten Fall lässt sich durch mein Buch der eigene Weg leichter identifizieren. Ich gehe hier einfach mal voraus, und ihr folgt mir, wenn ihr mögt. Und seid versichert: Zwischenzeitlich setze ich mich auch mal auf meine Couch und weine.

2

Good Mourning: Kleine Kulturgeschichte der Trauer

Es gibt unterschiedliche Versionen von Kleopatras Tod. In den meisten vergiftet sie sich, um der römischen Gefangenschaft zu entgehen, manchmal mit, manchmal ohne Schlange. In einer aber zerkratzt sie sich den Oberkörper so stark, dass er sich entzündet und sie am Wundfieber stirbt. Aber warum tötet sie sich überhaupt? Glaubt man der Geschichtsschreibung, ist das eine Reaktion auf den Tod ihres Geliebten Marcus Antonius, der sich in sein eigenes Schwert gestürzt hat. Doch warum hat er sich getötet? Es war seine Reaktion auf die Nachricht vom Tod Kleopatras. Die sich allerdings als Gerücht herausstellte.

Sieht man davon ab, dass die Reaktionen der beiden sicher nicht nur mit dem vermeintlichen Ableben der Lebenspartnerin und dem tatsächlichen des Lebenspartners zu tun haben, sondern auch mit einem jähen Ende der politischen Vita und dem voraussichtlichen Ende des eigenen Lebens via Kaiser Augustus, handelt es sich bei solchen Verhaltensweisen um sogenannte ritualisierte Trauer.

Nein, sagt ihr jetzt womöglich, Kleopatra war einfach nur völlig außer sich vor Schmerz, deshalb hat sie sich die Brust zerkratzt. Doch der Historiker und Ägyptologe Stefan Pfeiffer hat mich darauf hingewiesen, dass etwa das Zerkratzen der Brust eine ritualisierte Trauerhandlung bei Frauen darstellte. Die man beim Verlust eines hochrangigen Ehemanns durchaus erwarten durfte. Selbstverletzungen als äußeres Zeichen von Trauer waren aber weder den alten Ägyptern noch generell den Menschen der Antike vorbehalten, es gibt sie auch immer noch bei indigenen Völkern der Gegenwart, zum Beispiel in Nordamerika.

Egal, wer letztlich das schwerere Los gezogen hat, der Mann, der sich ins Schwert stürzt, oder die Frau, die an Fieberkrämpfen stirbt, in beiden Fällen entspringt die Trauer nicht ausschließlich der individuellen Gefühlswelt, sondern sie wird geradezu vorgeschrieben.

Wie und warum man trauert, definiert bis heute die Gesellschaft; es gibt seit Anbeginn unserer Kultur spezielle Erwartungen an Trauernde. Und damit auch eine konkrete Vorstellung von Trauerarbeit.

Im Deutschen ist der Begriff der Trauer womöglich etwas schwammig. Das Englische unterscheidet zwischen *grief* und *mourning*. Während *grief* die persönliche und emotionale Trauer meint, bezieht sich *mourning* auf den soziokulturellen Aspekt, also eher auf das Ritual und die kollektive Trauer.

Diese Unterscheidung wird gleich noch wichtig, aber man kann zunächst festhalten, dass es ohne *mourning* weniger archäologische Funde in die Gegenwart geschafft hätten. Die soziokulturelle Trauer gibt es seit Aufzeichnungsbeginn der Menschheit. Von der persönlichen Trauer, *grief*, lesen wir erst viel später; sie hat kulturgeschichtlich deutlich weniger Relevanz.

Ritualisierte Trauer drückt sich archäologisch gesehen vor allem in Grabstätten aus – in *Monumenten* (das Wort leitet sich vom lateinischen Verb *monēre* für »erinnern« ab). Dazu gehören auch die ägyptischen Pyramiden.

Natürlich drücken die Pyramiden eine Menge mehr als nur Trauer über den menschlichen Verlust aus, vielleicht ist das sogar der marginalste Aspekt. Und doch ist der ausschlaggebende Moment für ihre Erbauung der Tod eines Mitmenschen (auch ein Pharao oder eine Pharaonin gilt als Mitmensch). Jegliche Form der ritualisierten Bestattung hat etwas mit der Anerkennung des Verlusts menschlichen Lebens zu tun, ganz egal, ob man auf ein anschließendes Weiterleben im Jenseits setzt oder von der Endgültigkeit des Todes ausgeht. Zunächst erkennt man an, dass diese Form der Existenz – nennen wir sie »irdisch« – zu Ende ist. Eine solche Akzeptanz ist womöglich die Urdefinition von »Trauer«.

Zu den ältesten Artefakten der Sepulkralkultur zählen sogenannte Höhlengräber, sie gehen zurück bis in die Zeit der Neandertaler. Eine Ruhestätte für Tote sagt oft mehr über eine Kultur aus als eine Tonvase oder ein Löffel. Ein Todesereignis hat mehr *gravitas* als der Alltag. Grabbeigaben sind daher aussagekräftige Zeitzeugen – sie sind Hinterlassenschaften einer Kultur, die damit bis in die Gegenwart sprechen will. Denn der Tod muss immer auch eine Message haben, eine Bedeutung. Die Sinnlosigkeit ist seit jeher der ärgste Feind der Erinnerungs- und Trauerkultur. Die meisten von uns wollen, dass sich jemand an uns erinnert.

In Nordpalästina liegt die Kebara-Höhle, in der man 1983 das Skelett eines männlichen Neandertalers und damit einen Hinweis auf einen Bestattungskult gefunden hat, der laut Wikipedia mehr als 60 000 Jahre alt ist. Ob die Neandertaler nun in unserem Sinne getrauert haben oder ähnlich wie die Ägypter hauptsächlich eine Behausung für das nächste Leben schaffen wollten – der Anlass bleibt derselbe. Die Gemeinschaft wird dezimiert. Für den Sozialverbund ist so ein Verlust in der Regel eine unerfreuliche Angelegenheit; er erzeugt eine Lücke, die man füllen muss. Im Fall der Kebara-Höhle fehlte plötzlich ein Clanchef, ein Handlanger, ein Jäger, ein Sammler, ein Familienmitglied. Wie dieser Tod von den einzelnen Mitgliedern der Gemeinschaft individuell interpretiert wurde, ist nicht überliefert. Gesichert ist nur, dass man dem Verstorbenen ein Grab und höchstwahrscheinlich eine Zeremonie spendiert und damit das Lebensende offiziell anerkannt hat. Mit der Akzeptanz des Verlusts bahnt sich bereits ein Weg an, heraus aus einer diffusen Emotionalität, dem Schock über den Tod. Man verleiht dem Verlust Form und Protokoll – für Trauernde traditionell die erste große Hilfestellung. Indem man die Toten beerdigt, leitet man gewissermaßen eine neue Phase im Leben ein: die *Trauerzeit*.

Das sogenannte Trauerjahr suggeriert bis heute eine zeitliche Limitierung ritualisierter und womöglich auch individueller Trauer. Historisch betrachtet existieren seit Jahrtausenden Bemühungen und Vorschriften, Trauer zeitlich zu begrenzen oder sie im Extremfall zu stoppen.

Ein Trauerjahr lässt sich zum Beispiel für das antike Rom belegen, es gilt allerdings nur für Witwen. Dort folgt auf die Bestattung eine neuntägige Trauerzeit, die mit einem Totenmahl (*cena novemdialis*) endet. Erst danach kehrt die engere Familie des Verstorbenen wieder in den Alltag zurück.

Im Judentum findet sich eine Entsprechung in der *Schiv'a* (hebräisch für »sieben«), der siebentägigen Trauerphase. Sie beginnt mit der Bestattung, danach bleiben die Trauernden – beinahe wie in Quarantäne – eine Woche lang zu Hause und lassen sich von Verwandten und Freunden besuchen und verpflegen. Das Ritual setzt mit dem Verzehr eines Hühnereis, das mit Asche bestrichen ist, ein; darauf folgt das *Schiwesitzen*: Sieben Tage lang darf nicht gearbeitet und dürfen keine Lederschuhe getragen werden, man zieht sich nicht um, sitzt nur auf niedrigen Stühlen oder am besten gleich auf dem Boden.

Die *Schiv'a* findet sich in ähnlicher Form auch in der islamischen Kultur, wo man sich für sieben aufeinanderfolgende Tage im Haus des oder der Verstorbenen versammelt, den Koran rezitiert und die betroffene Familie versorgt, tröstet und unterhält. Am siebten Tag revanchieren sich die Hinterbliebenen dann mit einem ausgiebigen Mahl.

In den großen Weltreligionen existieren noch zahlreiche weitere Trauerfristen. Der Koran schreibt einer Frau vor, nicht länger als drei Tage um einen Verstorbenen zu trauern, außer es handelt sich um ihren Ehemann, dann sind vier Monate und zehn Tage angebracht. In anderen Gesellschaften werden manchmal dreißig Tage genannt, häufig ist auch die Rede von zwölf Monaten – dem angesprochenen Trauerjahr, das wir offensichtlich von den Römern geerbt haben. Rechtsgeschichtlich bedeutete das in Deutschland bis zum Jahr 1998, dass Witwen nicht vor Ablauf einer Frist von zehn Monaten wieder heiraten durften und noch ein Jahr lang die Bezüge des Gatten oder der Gattin erhielten, sofern dieser oder diese im Staatsdienst tätig gewesen war.

Nur noch selten sieht man in Westeuropa Witwen in ausschließlich schwarzen Kleidern und/oder schwarzem Schleier – und noch seltener ein ganzes Jahr lang. Ich erinnere mich in diesem Zusammenhang an meine Kindheit in einem kleinen katholischen Ort in Niederbayern, als eine entfernte Verwandte noch Jahre nach dem Selbstmord ihres Mannes nur in Schwarz anzutreffen war und dementsprechend von manchen »schwarze Witwe« genannt wurde.

Queen Victoria hat aus dem Trauerjahr ein halbes Trauerjahrhundert gemacht. Als ihr Mann, Prince Albert, 1861 verstarb, legte sie die schwarze Trauerkleidung an und bis zu ihrem Lebensende 1901 nicht mehr ab. Gleichzeitig musste Alberts Zimmer unverändert bleiben, wobei sie Handtücher und Bettzeug wechseln ließ, so als wäre das Zimmer noch in Benutzung. Ihre Trauer wurde vom persönlichen Ausdruck zum Ritual und am Ende vielleicht sogar zur Manie.

Schwarz ist keineswegs die universelle Trauerfarbe. Im alten Ägypten trauerte man in Gelb, im Buddhismus und in vielen asiatischen Ländern bevorzugt man Weiß. In manchen Ländern gibt es dagegen keine spezifische Trauerkleidung. Zuweilen reicht der »Trauer-Look« über die Kleidung hinaus: Einige rasieren sich den Bart ab, andere lassen sich ihn wachsen, einige gehen zum Friseur, andere verzichten eine Weile aufs Haareschneiden. Manche Trauernde wollen sich ihre Trauer ansehen lassen, manche auf gar keinen Fall, vielen sieht man sie so oder so an.

Zu meiner Oma väterlicherseits hatte ich in ihren letzten Jahren wenig Kontakt. Mir war bewusst, dass sie an Alzheimer erkrankt war, und in dem Zustand, umsorgt von meinem Großvater, habe ich sie auch zuletzt gesehen. Die Nachricht von ihrem Tod hat mich nicht besonders berührt, muss ich ehrlich zugeben, das Ereignis war irgendwie nicht greifbar. Erst auf der Beerdigung sah ich (wie schon auf der meiner anderen Oma) die Manifestation ihres Todes – diesmal im Gesicht meines Vaters, als ich ihm die Hand schüttelte. Er hatte sich nämlich seinen Vollbart abrasiert, den er zehn Jahre lang getragen hatte, und wirkte dadurch seltsam weiß und wachsartig. Brüchig. Es war eine Version meines Vaters, die ich bis dahin noch nie gesehen hatte. Mit der Beerdigung seiner Mutter war die Härte aus seinem Gesicht verschwunden. Wie rituell seine Entscheidung zur Rasur war, weiß ich nicht. Obwohl ich keinen besonderen Draht zur Großmutter hatte, konnte ich durch das bartlose Wachsgesicht meines Vaters das Ereignis besser begreifen. Und selbst ein bisschen trauriger sein.

Trauernde nehmen in vielen Kulturen eine besondere gesellschaftliche Stellung ein, die sich nicht nur in der Farbe ihrer Kleidung äußert oder in einem Riss darin – ein jüdischer Brauch namens *Kria*, bei dem nahe Verwandte der Toten ihre Gewänder sichtbar beschädigen. Womöglich *wollen* die meisten Hinterbliebenen in der ersten Zeit auch als Trauernde wahrgenommen werden: Sie signalisieren ihre Ausnahmestellung und Nichtteilnahme an den üblichen gesellschaftlichen Ereignissen, und die anderen können sich in Nach- und Rücksicht üben und im Idealfall helfen.

Und doch kann Trauer ab einem gewissen Zeitpunkt zum Stigma werden – der Umgang mit Trauernden wird irgendwann als mühevoll empfunden. »Der muss jetzt auch langsam mal über den Tod seiner Frau hinwegkommen« ist ein Satz, den man vielleicht schon einmal gehört hat.

Ich habe neulich mal den Ausdruck »in Sack und Asche gehen« nachgeschlagen und Folgendes gefunden: Laut Altem Testament legten Trauernde ein besonders grobes, sackartiges Gewand an, schütteten sich Asche auf den Kopf oder setzten sich auf den staubigen Boden. Und freuten sich vermutlich, wenn zufällig vorbeikommende Freunde fragten, wie es ihnen gehe.

Eine der extremsten Formen der ritualisierten Trauer wird vereinzelt noch heutzutage in Indien vollzogen, obwohl sie mittlerweile verboten ist: Bei der Witwenverbrennung (*Sati*) wird die lebendige Ehefrau zusammen mit ihrem toten Gatten verbrannt. In die Weltliteratur ist dieser Brauch durch Jules Vernes *Reise um die Erde in 80 Tagen* eingegangen. Die junge Aouda soll mit ihrem greisen, eben erst verstorbenen Ehemann auf dem Scheiterhaufen eingeäschert werden, aber Passepartout und Phileas Fogg wissen das zu verhindern. Auch in Nepal, Bali, Skandinavien, China und Griechenland hat man Belege für diese Tradition gefunden. Warum ausgerechnet Frauen (in dem Fall auf Anordnung von Männern) so exzessiv trauern, dass sie im Zweifelsfall das eigene Leben hingeben, wäre sicher ein eigenes Buch wert. Bleibt die Frage, ob Trauer eine weibliche Domäne ist. Und falls ja, warum das so ist, welches Kultur- und Rollenverständnis dahintersteckt. Die *ars moriendi*, die »Kunst des Sterbens«, gaben schon im Mittelalter natürlich die Männer der christlichen oder islamischen Mystik vor. Aber zu trauern hatten dann gefälligst die Frauen. Ich musste selbst im Rahmen meiner eigenen Recherchen feststellen, dass die meisten Trauergruppen aus Teilnehmerinnen bestehen.

Als ich einem Freund und Nachbarn zum ersten Mal davon erzählte, dass ich ein Buch über Trauer schreibe, fiel ihm sofort das Stichwort »Phasen der Trauer« und fälschlicherweise auch der Name Elisabeth Kübler-Ross ein. Diese bekannte Sterbeforscherin hat in ihrem Buch *On Death and Dying* zwar auch ein Phasenmodell beschrieben, aber dabei geht es um sterbende Patienten und fünf signifikante Phasen des Sterbens, die allerdings den Phasen des Trauerns nach Verena Kast nicht ganz unähnlich sind.

Die Schweizer Psychologin Kast benennt folgende Stufen: die Phase des Nicht-Wahrhaben-Wollens, der aufbrechenden Emotionen, des Suchens und Sich-Trennens sowie die des neuen Selbst- und Weltbezugs.

Man findet Kasts Thesen häufig in stark komprimierter Form auf Websites, die sich mit Trauer beschäftigen, gerne auf denen von Kirchengemeinden und Bistümern. Ich will weder Frau Kast noch der Kirche die Kompetenz in Bezug auf die Trauerarbeit absprechen, sondern nur festhalten: In der Verkürzung einer so komplexen Angelegenheit wie Trauer auf Phasen und Stichworte zeigt sich verständlicherweise das menschliche Bedürfnis nach Ikea-Anleitungen. Der Wunsch, einfach irgendwo anfangen zu können mit dieser komplexen Aufgabe. Und irgendwo auch wieder aufzuhören. Verena Kast ist eine feinfühlige und smarte Frau, die selbst darauf hinweist, dass ihr Modell weder streng linear noch unantastbar ist. In Interviews updatet sie bis heute ihre Vorstellung von Trauerarbeit.

Es schadet nicht, ihre Phasen für dieses Buch im Hinterkopf zu behalten; es macht aber auch nichts, wenn man sie sofort wieder vergisst. Denn zum einen ist die hier im Buch beschriebene Trauerarbeit stark autobiografisch geprägt und oft mehr Erzählung als Workshop, und zum anderen kommt man in der modernen Trauerforschung ohnehin zum Ergebnis, dass Trauer zu individuell ist, um sie schematisch zu behandeln.

2022 wurde die Diagnose »anhaltende Trauerstörung« von der WHO in die elfte Version der *Internationalen statistischen Klassifikation der Krankheiten und verwandter Gesundheitsprobleme* (ICD-11) aufgenommen. In einem Interview mit dem *SPIEGEL* definiert Rita Rosner, Professorin für Biologische Psychologie an der Katholischen Universität Eichstätt-Ingolstadt, die *anhaltende Trauerstörung* als Folge des »Verlusts einer geliebten Person, nach der man sich intensiv sehnt«.[4]

Rosner bezieht den »Verlust« zwar auf einen Todesfall, aber mir stellt sich die Frage: Ist *Verlust* nicht auch mit dem Ende einer Beziehung, einer Freundschaft oder dem endgültigen Bruch mit einem Familienmitglied gleichzusetzen? Kann nicht eine Trennung jeglicher Art gemeint sein?

Jorge Bucay zählt in seinem *Buch der Trauer* auch die Scheidung zu den Verlustphänomenen und schreibt, sie »inmitten von Totentrauer und Sterbefällen« zu erwähnen, »mag sonderbar anmuten. Und doch ist die Scheidung, wie wir zuvor in der Statistik belastender Ereignisse gesehen haben, gar nicht so weit von der katastrophalen Erfahrung entfernt, den Partner durch Tod zu verlieren.«[5]

Gemeinsam ist Trennung/Scheidung und Tod der Faktor Zeit. Denn abstrakt betrachtet ist das Vergehen der Zeit tatsächlich die Wurzel aller Trauer. Mit der Zeit führt jedes Miteinander zwangsweise zum Verlust, sei es durch Tod, Persönlichkeitsveränderung oder eben Trennung.

Die Trauer über Trennungen, über den Verlust der Liebe, im speziellen Fall auch »Liebeskummer« genannt, hat einen steilen Aufstieg in der Menschheitsgeschichte hingelegt. Kulturell war Trauer jahrtausendelang ausschließlich mit Tod verbunden. Erst das Konzept der romantischen Liebe hat dem Menschen die Rechtfertigung erteilt, sich todunglücklich zu fühlen, obwohl der/die Verlorene noch am Leben ist.

Für die Wissenschaft mag Liebe in erster Linie ein biochemischer Prozess sein – eine teils messbare Mischung aus Hormonen, Adrenalin, Sex und merkwürdigem Gerede (das man früher einmal »Süßholzraspeln« genannt hat). Für manche Psycholog:innen ist sie eine Wechselwirkung gegenseitiger Abhängigkeiten und Bedürfnisse, deren Ursache oft in der Kindheit zu suchen ist, für andere ein lebensnotwendiger Kitt, für alle »ein komplexes Phänomen zwischenmenschlicher Zuneigung (…), dem biologische, emotionale und kognitive Aspekte innewohnen«.[6] Für die meisten von uns ist es am schönsten, wenn die Liebe da ist, und am schlimmsten, wenn man sie verliert.

Eine exakte Formel, wie Liebe entsteht, hat die Wissenschaft noch nicht gefunden; ihr Ende ist deutlich leichter erklärbar. Sie hört auf, wenn mindestens eine Seite das Vertrauen in das Konzept verliert.

Die Idee der freien Partnerwahl existiert seit ungefähr 250 Jahren, Liebeskummer und romantische Literatur (samt ihrem Hang zur Tragik) gibt es wesentlich länger. Ziemlich sicher existierte schon in der Steinzeit ein Konstrukt aus Frau, Mann, Sex und Loyalität. Um noch ein letztes Mal in diesem Buch zu Kleopatra zurückzukehren: Römische Klatschkolumnisten wie Plutarch fieberten geradezu auf ein tragisches Ende der Liebesbeziehung zwischen der Ptolemäer-Königin und ihrem Marc Anton hin. Als würde die große Liebe erst durch den tragischen Verlust legitimiert. Liebe und Verlust waren immer schon alles andere als ein Gegensatzpaar.

Für die antiken Griechen war die Liebe in ethischer Hinsicht deutlich höher angesiedelt als der Eros – die profane körperliche Verbindung zwischen Mensch und Mensch. Leute wie Platon plädierten für die *Philia*, eine tiefe und intensive freundschaftliche Form der Liebe, die Aristoteles nicht nur bei Liebenden, sondern auch bei lebenslangen Freunden, politischen Wegbegleitern, Arbeitskollegen und Soldaten erkennen konnte. Voraussetzung ist immer die »reziproke Beziehung«, also ein Geben und Nehmen. Gerät die Beziehung aus dem Gleichgewicht, stirbt die *Philia*, und Trauer ist nicht nur erlaubt, sondern angebracht.

Es mag auf den ersten Blick abwegig erscheinen, den Liebeskummer in den Themenbereich der Trauer einzubeziehen, aber dass Liebe, Tod und Trauer in einem engen Verhältnis stehen, lässt sich nicht von der Hand weisen. Liebeskummer – genauer gesagt: Liebestrauer, Trennungsschmerz oder gar das Broken-

Heart-Syndrom[7] – ist im schlimmsten Fall eine disruptive und bedrohliche Kraft im Leben eines Menschen, die präzise erkannt und bearbeitet werden will. In einem Artikel für die *Süddeutsche Zeitung* vom Juli 2022 mutmaßt die Journalistin Vera Schroeder, dass »Liebeskummer durchaus ein großer Risikofaktor für schwerer wiegende psychische Probleme«[8] sein könnte. Die Symptome entsprächen oft denen einer Depression, und auch Henrik Walter, der stellvertretende Ärztliche Direktor der Klinik für Psychiatrie und Psychotherapie an der Charité in Berlin, bezeichnet Liebeskummer als »starken Risikofaktor für Suizidalität«.[9]

Trauer ist keine isolierte Emotion. Sie ist keine Solokünstlerin. Niedergeschlagenheit, Einsamkeit, Verlustangst und oft sogar körperlicher Schmerz begleiten sie bei ihren Auftritten. Oder um eine andere Metapher zu bemühen: Sie sitzen alle bei einer *Schiv'a* um denselben bodennahen Tisch. Unter den zahlreichen Symptomen jene auszumachen, die der konkreten Trauer zuzuordnen sind, und zu ermitteln, wie man sie handhabt, das bleibt eine der größten Herausforderungen der Trauerforschung.

Die Kulturgeschichte des Trauerns ist auch die Kulturgeschichte menschlicher Angst. Dazu zählt etwa die Angst, sich in der neuen Lebensordnung nach einem Verlust nicht mehr zurechtzufinden. Ich behaupte daher: Trauer ist eben der Versuch, sich zurechtzufinden, das probate Mittel, sich nach einer heftigen Zäsur neu zu orientieren. Doch ist sie eine Übergangslösung für die Reintegration in Alltag und Gesellschaft? Oder ein permanenter Zustand? Eine für immer veränderte Lebensrealität?

In jüngster Zeit ist vor allem in deutschen Großstädten so etwas wie eine neue Trauerkultur entstanden, die sich auch auf der Metaebene mit den Phänomenen des Todes und des Verlusts beschäftigt und zudem individuelle Hemmschwellen abbaut. Die Anzahl der ehrenamtlichen Sterbebegleiter:innen steigt nach Angaben des Verbands der Ersatzkassen, und es gibt ein zunehmendes Angebot von Trauergruppen. In Berlin existiert sogar eine Akademie, die Menschen zu zertifizierten Trauerredner:innen ausbildet. Alternative, jüngere Bestattungsunternehmen gesellen sich zu den alteingesessenen, immer mehr Bücher, Podcasts und Filme erscheinen zum Thema »Tod«, und die Coronapandemie hat den Eindruck noch verstärkt, dass wir als Gesellschaft nicht darum herumkommen werden, uns dezidierter mit dem Dreiklang aus Tod, Verlust und Trauer auseinanderzusetzen.

Ich selbst erkenne mich zwar auch in den in der gängigen Trauerliteratur beschriebenen Ritualen, Phasen und emotionalen Zuständen wieder, merke aber, dass mir darin etwas fehlt. Etwas, das ich mit diesem Buch hinzufügen will. Ich möchte die Empfehlung aussprechen, der Trauer genug Platz einzuräumen, aber gleichzeitig dazu ermutigen, sich von ihren destruktiven Aspekten zu lösen. Und dabei die eigene Trauer immer wieder neu zu bewerten und das eigene Verhalten anzupassen. Eine Beurteilung der Trauer einzuüben. Bewusster zu trauern. Und manchmal auch bewusster darauf zu verzichten.

So habe ich es mir zumindest in den letzten Jahren einigermaßen beigebracht. Dennoch gibt es immer noch Tage, da bin ich so untröstlich, dass ich mir am liebsten die Brust zerkratzen würde.

3

Angefeuert: Medikamente gegen Trauer

Es gibt eine Vorgeschichte zur Vorgeschichte meiner Trauer. Als bei unserer Tochter Olivia im August 2016 ein Hirntumor festgestellt wurde, trat genau der *worst case* ein, den ich mir zuvor öfter in schlimmsten Farben ausgemalt hatte. Dass eines unserer Kinder tödlich erkranken würde.

Natürlich ist das für alle Eltern ein Weltuntergangsszenario, aber für meine mentale Gesundheit und die meiner damaligen Frau war es besonders wichtig, dass es unseren beiden Kindern gut ging, denn wir hatten bereits eins verloren.

Zwei Wochen vor dem Geburtstermin unseres ersten Sohnes im Januar 2008 waren wir an einem Samstagmorgen am Hackeschen Markt einkaufen, als meine Frau mir sagte, sie habe das Gefühl, dass sich das Kind seit längerer Zeit nicht bewegt habe. Sosehr ich das auch sofort wegreden wollte, ich sah ein, dass uns eine kurze Ultraschalluntersuchung im Krankenhaus beruhigen würde. Leider bestätigte dieser Ultraschall, dass unser Baby tot war. Bis heute weiß niemand, warum.

Danach fuhren wir in die Charité, in der Hoffnung, das Ganze schnell hinter uns zu bringen – wir dachten natürlich an einen Kaiserschnitt. Doch der Arzt riet uns zu einer »ganz normalen« Geburt. Es sei der beste Schritt, um zukünftige Geburten zu erleichtern, und auch psychologisch sinnvoll, wenn meine Frau das Kind unter herkömmlichen Bedingungen zur Welt bringe. Ganz so, als wäre es ein lebendiges Kind. Ich habe bis heute nicht genau verstanden, warum. Oder wollte es nicht verstehen. Allgemein heißt es: um sich besser verabschieden zu können. Um bereits mit der Verarbeitung zu beginnen. Ich fand dieses Vorgehen qualvoll, aber letztlich war es die Entscheidung meiner Frau, und wir folgten dem Rat der Ärzte.

Irgendwann am Vormittag eines relativ warmen und verregneten Januartags hielt meine Frau dann unser totes Kind in den Armen, einen Jungen namens Vincent. Ich erinnere mich genau, dass sie lächelte. Sie hatte ja auch eine lange und schmerzhafte Nacht damit verbracht, ein Baby zu bekommen. Ihr Baby. Durch eine »ganz normale« Geburt. Nur dass das Baby am Ende nicht schrie. An ihr stolzes Lächeln muss ich heute noch manchmal denken.

Damals haben wir in erster Linie einen Ratschlag bekommen. Von dem Stationspsychologen, dem evangelischen Seelsorger, dem Chefarzt und den Krankenschwestern: *Holen Sie sich Hilfe.* Gehen Sie zu Psycholog:innen, zu Hausärzt:innen, zu Ihren Freunden und Freundinnen, zu Verwandten. Reden Sie mit den Menschen. Reden Sie vor allem *miteinander.* Reden Sie mit anderen Eltern, die Ähnliches erlebt haben. Finden Sie eine Trauergruppe oder Seelsorge. Beten Sie, falls Ihnen das liegt. Fahren Sie in den Urlaub, lassen Sie sich krankschreiben, ruhen Sie sich aus. Aber vor allem: Halten Sie zusammen. Denn solche Ereignisse hätten »schon etliche Paare auseinandergerissen«.

Medikamente hat uns damals niemand empfohlen, und doch habe ich in jener Nacht zum ersten Mal eine Valium genommen, die ich von einer Pflegerin bekommen hatte, und kann mich sehr deutlich daran erinnern, dass sie den Schmerz wenigstens für ein paar Stunden betäubt hat. Dementsprechend groß war meine Bereitschaft, mir sofort nach Verlassen des Krankenhauses von meinem Hausarzt mehr Valium und weitere Psychopharmaka verschreiben zu lassen. Nachdem ich dem Hausarzt meine Situation geschildert hatte, war er zu meiner Erleichterung sehr erschrocken. »Zu meiner Erleichterung« mag seltsam klingen, aber es hilft mir bis heute, wenn Außenstehende das Ausmaß meines Verlusts halbwegs erfassen können oder zumindest erschrocken darauf reagieren, legitimiert es doch ein wenig die eigene Verzweiflung. Befindet man sich im Krankenhaus unter lauter todkranken Kindern und ihren desperaten Eltern, bekommt man schnell den Eindruck, die Katastrophe sei hier Alltag.

Der Arzt verschrieb mir eine nicht zu hoch dosierte Variante eines Medikaments, das mich ein wenig aus meinem ersten Tief befördern sollte: »Das gibt Ihnen Energie, damit kommen Sie über den Tag, Herr Mayer. Es kann nur sein, dass Sie anfangs nicht so gut schlafen.«

Antidepressiva. Schon vor dem Wort hatte ich großen Respekt. Für mich mit Anfang dreißig war das fast so, wie den ersten Joint zu rauchen – ich war aufgeregt, aber auch ein bisschen ängstlich, weil ich nicht wusste, was anschließend mit mir passieren würde. Ich nahm noch am selben Nachmittag die erste Tablette, und schnell war klar: Gar nichts passiert. Was ja auch korrekt ist, denn der Stoff muss erst ein Depot, einen Wirkstoffvorrat im Körper aufbauen.

Damals wie auch später wurde mir Citalopram verschrieben, die 20-mg-Version. In der medizinischen Forschung ist es offenbar umstritten, ob solche Medikamente tatsächlich wirksam oder ungeeignet sind, den Serotonin- beziehungsweise Dopaminmangel zu beseitigen. Einige Wissenschaftler:innen betrachten sogar die Serotonin-Hypothese inzwischen als haltlos,[10] und in einigen Fällen haben Antidepressiva die Depressionen sogar verstärkt. Es ist ein vielschichtiges Thema, wie auch ich feststellen musste.

Citalopram wurde von der Firma Lundbeck entwickelt und patentiert. Es gehört zur Gruppe der Serotonin-Wiederaufnahmehemmer und wird weltweit bei Depressionen, Panik- und Zwangsstörungen verschrieben. Citalopram gehört zu den meistgenutzten modernen Antidepressiva.

Googelt man allerdings »Überdosis Citalopram«, landet man schnell auf der Website des Gemeinsamen Giftinformationszentrums (GGIZ), wo es in Bezug auf das Medikament heißt: »besondere Gefährdung durch: Schläfrigkeit bis zum Koma, Krampfanfälle, Atemstörungen, Blutdruckabfall und lebensbedrohliche Herzrhythmusstörungen«.[11]

Von einer Überdosierung war ich damals aber sicher weit entfernt; zwanzig Milligramm seien »nah am Placebo«, hatte der Hausarzt gesagt. Nachdem es sich der Wirkstoff in meinem Stoffwechsel bequem gemacht und ich ein paar schlafarme Nächte verbracht hatte, war ich tatsächlich das, was man im Englischen mit *upbeat* beschreibt. Also den Umständen entsprechend zuversichtlich und gelegentlich sogar ganz gut gelaunt. Ich weiß noch, dass ich damals – Ende Januar, kurz nach der Totgeburt – zu meinem besten Freund gesagt habe, dass ich schon irgendwie den Frühling riechen könne, und er entgegnete, das sei doch ein Indikator dafür, wie positiv ich an die Verarbeitung des Verlusts ginge.

Bald plante und buchte ich einen großen USA-Urlaub mit meiner Frau, und wir absolvierten vorher einen kürzeren am Gardasee. In den Wochen nach dem Unglück traf ich viele Freunde, sprach mit ihnen über das, was passiert war, und besuchte die Sprechstunden diverser Psychologen. Ganz wie mir empfohlen worden war. Ich war aktiv, ich blieb in Bewegung.

Welche Rolle das Medikament dabei tatsächlich gespielt hat, kann ich heute nicht mehr nachvollziehen. Wie viel davon eingebildet oder mein unbedingter Wille war, dass es mir und uns bald wieder besser gehen würde.

Für dieses Buch habe ich mal in alten Mails und Einträgen gestöbert, um meine damaligen Eindrücke vom Medikament zu beschreiben. Ich fand eine Notiz: Es fühle sich so an, als wäre mit dem Citalopram in mir ein »künstliches Feuer« angegangen, als besäße ich eine »neue Energiequelle«. Allerdings gibt es aus der Zeit auch Blogeinträge, die weniger *upbeat* klingen:

> In diesem Morast. In diesem dunkelschwarzen Urschleim aus Dämonenscheiße, gezuckert mit dem Gift und der Galle aus meinen Innereien. Hier stecke ich. Hier fang ich an, zu warten. Und die gute Nachricht ist: Ich kann mich wieder bewegen. Kann wieder kriechen, kann wieder kotzen. Und mich einem Ausgang nähern.

Doch selbst hier kann man das Positive herauslesen, oder? Nebenbei: Ich erinnere mich, dass meine damalige Frau auf Medikamente verzichtete und sich bald einer Trauergruppe anschloss.

Nach zwei bis drei Monaten habe ich das Citalopram dann ohne Probleme *ausgeschlichen*. So nennt man den Vorgang, die Dosierung immer weiter zu senken, bis man irgendwann clean ist. Damit vermeidet man Entzugserscheinungen. Damals dachte ich, ich wäre aus dem Gröbsten raus, das wäre die große Krise in meinem Leben gewesen und ich hätte sie halbwegs überwunden. Dabei sollte das Gröbste noch kommen.

Als Olivia acht Jahre später, im August 2016, die Diagnose erhielt, an einem seltenen Hirntumor zu leiden, und sofort im Krankenhaus behalten wurde, um den Tumor operativ entfernen zu lassen, verbrachte ich einen Großteil meiner Zeit im Virchow-Klinikum in Berlin-Wedding. Ich wechselte mich dabei mit meiner Frau ab, denn einer musste sich ja auch zu Hause um unseren Sohn kümmern, der damals fast sechs Jahre alt war.

Tagsüber gestaltete sich der Alltag im Krankenhaus recht aktiv: Arztvisiten, Aufklärungsgespräche, Termine mit der Psychologin oder der Musiktherapeutin. Die Tage empfand ich stets als machbar, nur vor den Nächten graute mir. Ich lag lange wach, lauschte jedem noch so kleinen Geräusch Olivias, war viel zu angespannt, um länger als eine Stunde am Stück zu schlafen, und wenn ich es doch mal hinbekam, ging die Infusion zu Ende oder ein Kabel klemmte, und Warnsignale rissen mich wieder aus dem Schlaf. Schwestern und Pfleger kamen und gingen, das Kind im Bett neben uns wurde wach, oder seine Eltern gingen aufs Klo. Wenn dann kein Geräusch mehr außer dem melodiösen Summen der Infusionsmaschine zu vernehmen war, fühlte sich das Zimmer wie der einsamste Ort der Welt an.

Eine Woche nach der erfolgreichen Operation wurden wir entlassen, doch nur wenige Wochen später begann schon die Chemotherapie. Das bedeutete, jeden Monat zwei bis drei Nächte im Klinikum zu verbringen, um das Mittel per Infusion verabreicht zu bekommen. Nur war das leider nicht alles. Durch die Medikamente der Chemotherapie war Olivias Immunsystem so geschwächt, dass sie beim geringsten Anzeichen von Fieber sofort wieder ins Krankenhaus gebracht werden und dort etliche Tage unter Antibiotika ausharren musste, bis sie außer Lebensgefahr war. Oft rissen uns diese Fieberanfälle aus Verabredungen oder mitten in der Nacht aus dem Schlaf. Und nicht selten landeten wir aufgrund eines Zimmermangels auf der Kinderintensivstation.

Die ersten Krankenhausnächte brachte ich meistens mit einer halben Valium (Diazepam) hinter mich, doch natürlich sagte mir damals schon eine innere Stimme (und später auch die Stationspsychologin), dass das nicht der Weisheit letzter Schluss sein könne.

Valium gibt es seit sechzig Jahren; entwickelt hat es der Chemiker Leo Sternbach für einen Schweizer Pharmakonzern. Valium und generell sogenannte Benzodiazepine erlebten in den 1960ern einen steilen Aufstieg, denn sie wirkten nicht nur sedierend und schlaffördernd, sondern auch angstlösend. Was für eine Erfindung – ein Medikament, das gegen Angst wirkt. Kein Wunder, dass mit Valium Beruhigungsmittel zur Alltagsmedizin wurden. Derzeit sind laut Wikipedia circa 1,9 Millionen Deutsche von Substanzen der Stoffklasse der Benzodiazepine abhängig.

Eingeschüchtert von der Allmacht des Valiums, ließ ich mir erneut Citalopram verschreiben und verspürte auch nach wenigen Tagen wieder besagtes »inneres Feuer«. Nur von *upbeat* war ich dieses Mal weit entfernt. Im besten Fall hatte ich das Gefühl, die Krankenhaus-Routinen ein wenig stoischer hinnehmen zu können, aber womöglich bildete ich mir das auch nur ein. Überwiegend blieb ich deprimiert, ängstlich und dünnhäutig, dazu schlief ich jetzt noch weniger. Nach lediglich vier Wochen setzte ich es wieder ab.

Ein Jahr später fing ich erneut mit dem Valium an. Nach schlechten Nachrichten *aus* der Klinik, langen Nächten *in* der Klinik oder Streits mit der neuen Partnerin nahm ich jeweils eine halbe Valium oder Tabletten mit ähnlicher Wirkung, die ich mir in der psychiatrischen Ambulanz hatte verschreiben lassen. Ich wollte einfach nur für ein paar Stunden vergessen, was man eigentlich nicht vergessen konnte. Dass das Leben aus dem Gleis gerast war.

Das Valium und das Medikament aus der psychiatrischen Ambulanz hatten in etwa dieselbe Wirkung. Sie machten mich zum einen angenehm gleichgültig, zum anderen aber so benommen, dass selbst der Tag nach der Einnahme im Grunde gelaufen war und ich mich am nächsten Tag oft nicht mehr im Detail an den Abend zuvor erinnern konnte. Im harmlosesten Fall habe ich einfach sehr viel geschlafen, im schlimmsten saß ich wie ein Zombie auf dem Sofa und browste emotionslos stundenlang im Internet.

Nach Olivias Tod im Jahr 2019 ging es mir zunächst ein paar Wochen lang besser als erwartet. Eine sprichwörtliche Last fiel von mir ab. Dass sie im Laufe der Jahre sterben würde, hatte ich ja von Anfang an befürchtet, doch spätestens seit dem Rezidiv vom letzten Sommer war aus der Befürchtung eine Gewissheit geworden. Seitdem hatte ich auch nicht mehr dafür gebetet und darauf gehofft, dass sie überleben würde, sondern nur noch, dass ihre letzte Zeit keine endlose Quälerei für sie werden würde. Zumindest dieser Wunsch ging in Erfüllung. Olivia hat das Ende relativ schnell und schmerzfrei erlebt, starb an einer durch den Tumor ausgelösten, nicht vorhersehbaren Hirnblutung. Zwei Wochen lang war sie sehr müde und lag apathisch auf unserer Wohnzimmercouch. Als sie ins Koma fiel, entschieden wir uns, sie ins Kinderhospiz zu bringen, wo sie noch in derselben Nacht verstarb.

Wie gesagt, ich war zunächst eher erleichtert als schockiert. In den Wochen danach richtete ich den Blick tatsächlich nur auf die Zukunft: eine Zukunft ohne Krankenhäuser, Spritzen,

Chemotherapie, Bestrahlungen und chirurgische Eingriffe an unserem kleinen Mädchen. Keine Nächte mehr im Krankenhaus, Zeit und Trost für unseren Sohn, Zeit für meine noch relativ neue Beziehung und auch wieder für meinen Beruf als Autor. Zeit fürs Leben statt der jahrelangen Vorbereitung auf den Tod. Sich endlich nicht mehr den Kopf darüber zermartern müssen, wie wir als Familie das alles überstehen sollen. Stattdessen das Gefühl: Jetzt haben wir es endlich überstanden. Ich dachte nicht, dass ich von nun an noch irgendwelche Upper oder andere Medikamente brauchen würde.

Dieser aufkeimende Optimismus hielt für gute drei Wochen. Danach wurde ich sukzessive schwächer. Erschöpfter, streitlustiger, resignierter. Immer wieder erholte ich mich kurz, für ein paar Tage, etwa während einer Urlaubswoche an der dänischen Ostsee, dann kam die Erschöpfung wieder und wurde schlimmer. Ich erlebte monatelange Magen- und Verdauungsprobleme und zudem lange Phasen kompletter Erschöpfung, sodass ich an manchen Wochenenden – sobald die Konzentration auf Arbeit und Alltag nachließ – mit Magenkrämpfen, Kopfschmerzen und Schüttelfrost zu Hause lag und mich nur mühsam aufraffen konnte, um mit meinem Sohn wenigstens um die Ecke einen Bubble Tea trinken zu gehen.

Eine Magenspiegelung ergab eine Art Riss in der Speiseröhre und die dringende Empfehlung, nicht nur meinen Stresslevel zu senken, sondern auch meine Ernährung umzustellen und die akuten Symptome mit Magensäureblockern zu bekämpfen. Ich verzichtete in der Folge konsequent auf Alkohol, Kaffee und Zucker, legte monatelang Intervallfasten-Phasen ein, bekam aber vor allem die mentale Erschöpfung und meine Gereiztheit nicht in den Griff, was auch das Zusammenleben mit meiner neuen Partnerin deutlich verkomplizierte und letztlich sogar in einer vorübergehenden Trennung mündete. Spätestens nach dieser Trennung fühlte ich mich meiner Trauer und Erschöpfung so hilflos ausgeliefert, dass ich erneut meinen Hausarzt aufsuchte und mir erneut Citalopram verschreiben ließ.

Vorweg: Teil drei meiner Antidepressiva-Trilogie war der erfolgloseste. Doch ich sollte vielleicht erst einmal kurz meinen Ausgangszustand beschreiben, denn schon der ist ein Indikator dafür, dass ich mir womöglich das falsche Medikament habe verschreiben lassen. Nach der Trennung von meiner Freundin, mit der ich fast vier Jahre lang zusammen gewesen war (eine Beziehung, die unmittelbar auf meine Ehe folgte – später dazu mehr), wurde ich von der Trauer um Olivia vollends überwältigt. Hinzu kam das immer stärker werdende Gefühl, irgendwie vom Leben beschissen worden zu sein. Während andere Familien weiter wuchsen, größere Wohnungen bezogen oder Ferienhäuser am See kauften, fühlte ich mich abgeschnitten vom üblichen Lebensweg meiner Generation. Ausgestoßen sogar. Mitte vierzig, geschieden, zwei verstorbene Kinder, alleinerziehend und jetzt auch noch getrennt. Mein Selbstmitleid war immens, aber am schlimmsten war dieser stechende Schmerz, sobald ich Mädchen im Alter zwischen zwei und fünf durch die Nachbarschaft laufen sah.

Kleiner Exkurs: Unsere Tochter hatte eine Freundin namens L., die kurz vor ihrem Tod noch zu Besuch war – das letzte Kind, mit dem sie gespielt hat. Für L. ist Olivia ein letztes Mal aufgestanden, obwohl sie schon seit Tagen bettlägerig war, und hat mit ihr zusammen mit ihrer Puppe gespielt. Dann hat Olivia irgendwann zu L. gesagt: »Ich bin müde, ich muss mich jetzt hinlegen.« Und danach ist sie nicht mehr aufgestanden.

L. war schon damals ein sehr empathisches Kind und hat auch später regelmäßig Olivias Grab besucht, um nach ihr zu sehen.

Ich treffe L. noch hin und wieder in der Nachbarschaft, habe beobachtet, wie sie größer, älter und eloquenter geworden ist, ein Schulkind. All das, was unsere Tochter nicht mehr werden konnte. Es tut heute noch weh, sie stellvertretend aufwachsen zu sehen; gleichzeitig hilft es mir auch, mir auszumalen, wie Olivia sich weiterentwickelt hätte.

Zurück zu den Drogen. Ich war also erneut überaus bereit für ein helfendes Medikament und wünschte mir dringend eine Stimmungsaufhellung, die ich aus eigener Kraft nicht mehr hinbekam. Nichts, absolut gar nichts schien mir noch Freude zu machen. An was es mir allerdings nicht mangelte, war Antrieb, Initiative. Ich war zwar kreuzunglücklich, aber pausenlos in Bewegung, ständig verabredet, unterwegs auf Dating-Plattformen oder in berufliche Projekte eingebunden, nutzte jede Gelegenheit, Sport zu treiben, und war andauernd draußen. Und das alles im ersten Jahr der Pandemie. Mein Ausgangszustand war ein ganz anderer als in den ersten beiden Situationen, in denen mir Antidepressiva verschrieben worden waren. Ich war nach außen hin aktiv und energiegeladen, aber innerlich apathisch. Citalopram war für diesen Zustand nicht das Richtige. Womöglich lag es auch an der jetzt höheren Dosis – auf alle Fälle fand ich plötzlich so gut wie keinen Schlaf mehr. Tagsüber war ich nervös und verschwitzt, und auch sonst schien mein Körper nicht so zu funktionieren wie sonst, ich konnte zum Beispiel nicht mehr zum Höhepunkt kommen, wenn ich masturbierte. Ich wusste natürlich, dass ich eine Weile hätte durchhalten müssen, damit sich die Nebenwirkungen hätten bessern, das Medikament und ich uns erneut hätten einspielen können, aber ich verfiel schon nach wenigen Tagen in eine Art Panik, weil ich noch nicht mal mehr meinen simpelsten Antitrauer-Routinen nachgehen konnte. Meditieren war in diesem Zustand eine Qual, sich auf die Arbeit zu konzentrieren ein Kraftakt, und der Schlafmangel raubte mir den Schwung für den täglichen Sport. Also setzte ich das Medikament nach gut zwei Wochen wieder ab und ließ mir stattdessen ein pflanzenbasiertes Mittel verschreiben, das die meisten zumindest vom Namen her kennen dürften.

Johanniskraut – oder *Hypericum perforatum* – wird laut Wikipedia auch als »Herrgottsblut« bezeichnet. Die Pflanze blüht ab Ende Juni – um den Johannistag herum – bis in den August hinein und dient der Menschheit schon seit ein paar Jahrhunderten als Medikament gegen depressive Verstimmungen. Aus dem Öl der Blüten und Blätter werden unter anderem Mittel zur Narben- und Hautpflege hergestellt. Aber hauptsächlich kennt man Johanniskraut als Kapseln, die einen vor allem in Stempel und Früchten der Pflanze vorkommenden Stoff namens Hyperforin enthalten, der ähnlich wirkt wie synthetisch hergestellte Antidepressiva. Auch hier gibt es einerseits Studien, die über ein Kopf-an-Kopf-Rennen mit Placebos berichten, und andererseits solche, die Johanniskraut durchaus als effektiv ansehen (jedenfalls bei leichten bis mittelgradigen Depressionen); seine Wirksamkeit ist also bis heute umstritten.

Meine Therapeutin zeigte vollstes Verständnis für meine Abkehr vom synthetischen Antidepressivum und empfahl ebenfalls die hochdosierten Johanniskraut-Kapseln. Leider fallen meine Beobachtungen diesbezüglich wesentlich weniger eindeutig aus als bei der Einnahme von Citalopram. Das heißt: Ich kann bis heute nur erahnen, wann und inwiefern mir Johanniskraut geholfen hat. Zunächst gilt es zu beachten, dass sich selbst bei einer täglich eingenommenen Dosis von 900 Milligramm erst einmal ein gewisses Depot aufbauen muss. Es dauert zwischen zwei und drei Wochen, bevor es eine Wirkung entfalten kann.

Manche Ärzte und Ärztinnen sind der Meinung, die Sonne und generell intensives Tageslicht reichten als Stimmungsaufheller, daher sollte man Johanniskraut lieber nur im Herbst oder Winter nehmen. Dazu kommt die Warnung, während der Johanniskraut-Therapie nicht zu viel Zeit in der direkten Sonne zu verbringen, weil die Haut dadurch angeblich lichtempfindlicher wird. Soll wohl heißen: Sonnenbrandgefahr. Als ich anfing, die Kapseln zu nehmen, wurde es gerade Sommer, die erste Welle der Pandemie war weitgehend überwunden, und man konnte gar nicht oft genug in der Sonne sein. Mir persönlich ist dennoch nichts an meiner Haut aufgefallen, aber ich vertraue ohnehin in jedem Jahr ab dem ersten hässlichen Sonnenbrand Mitte Mai auf Lichtschutzfaktor 50.

Es ist schwer zu rekonstruieren, ob überhaupt, und wenn ja, in welchem Maß das Präparat mir in jenem Sommer und Herbst geholfen hat, meine Trauer und mentale Erschöpfung zu überwinden, da ich ja eine ganze Reihe von antidepressiven Maßnahmen getroffen hatte. Ein paar Erkenntnisse gewann ich im folgenden Winter, als ich es absetzte und wieder deutlich öfter niedergeschlagen, gereizt und ungeduldig war. Auch hier kann man natürlich über die Wirkung eines Berliner Winters auf die angeschlagene Psyche diskutieren, aber zumindest bilde ich mir ein, dass es mir mit der Einnahme des Präparats »Laif 900« besser ging als ohne. Auch im aktuellen Winter, in dem ich dieses Buch zu Ende schreibe, habe ich mir eine Dreimonatspackung besorgt, da ich im November deutliche Erschöpfungsanzeichen wahrgenommen habe. Mitte November 2022 wäre Olivia acht Jahre alt geworden; es ist vermutlich kein Zufall, dass dieses Datum in jeder Hinsicht den Winteranfang für mich markiert.

Winter ist meistens auch die Jahreszeit, in der ich meine Hausärztin wegen einer Neuraltherapie aufsuche.

Moment – was für eine Therapie?

Als ich der damals noch neuen Hausärztin von meinen Magen- und Erschöpfungsproblemen berichtete (und natürlich auch von den mutmaßlich psychosomatischen Gründen), lautete ihre erste Idee: Neuraltherapie.

Bevor ich erkläre, wie die funktioniert, möchte ich kurz das Gespräch abbilden, das ich mit meinem väterlichen Freund M., einem mittlerweile pensionierten Hausarzt aus Essen, über die Therapie geführt habe. Als Olivia sechs Wochen lang jeden Tag im Essener Strahlenzentrum behandelt wurde und wir für ein paar Wochen unser Lager bei M., einem entfernten Verwandten, aufschlagen durften, haben seine wunderbare Frau und er sich als unglaublich gastfreundlich, feinfühlig und hilfreich erwiesen. Seitdem weiß ich seine Meinung als Mensch und Allgemeinmediziner sehr zu schätzen. Hier ist das Gedächtnisprotokoll meines Anrufs:

B.: Hallo M., ich bin's, Berni. Ich wollte fragen, ob du dich mit Neuraltherapie auskennst.
M.: Hör ma, dat hab ich viel bei meinen Schmerzpatienten eingesetzt, wenn sonst nichts mehr half. Bei chronischen Rückenschmerzen zum Beispiel.
B.: Aha, aber nicht bei Magenschmerzen?
M.: Nein.
B.: Und bei psychosomatischen Sachen?
M.: Nein.
B.: Meine Hausärztin bietet mir das gerade an, deshalb frage ich.
M.: Ach so, was hast du denn?

B.: Na ja, Magen. Und eben Stress, weißt du ja.
M.: Da hilft dat jetzt … meiner Erfahrung nach … nicht.
B.: Würdest du es denn trotzdem empfehlen?
M.: Hör ma, dat Ding ist eigentlich Humbug, da gibt's keine wissenschaftlichen Belege über die Wirkung. Aber alle meine Patienten haben immer gesagt, jetzt geht's ihnen besser.
B.: Also soll ich es lassen?
M.: Nein, dat machst du. Dat kostet ja so gut wie nix.

»Bei einer Neuraltherapie bekommt man Kokain gespritzt«, hab ich meiner Mutter mal erzählt. Außer dass ich »Procain« statt »Kokain« gesagt habe. Aber meine Mutter hat das am Telefon falsch verstanden und deshalb sofort gesagt: »Hey, das klingt ja gut.«

Procain ist ein Lokalanästhetikum, das vereinfacht gesagt die Selbstheilungskräfte des Patienten in Schwung bringen soll. Die Therapie basiert auf der Vorstellung, dass unsere inneren Organe von bestimmten Segmenten unserer Haut (Narben, Ausschlägen, Wunden) repräsentiert werden und dass so etwas wie innerliche Störfelder als chronische Entzündungsherde auftreten. Jost Steinhäusers Buch *PraxisSkills Allgemeinmedizin* listet unter anderem folgende mögliche Effekte auf: »spinale Reizunterbrechung, Durchblutungsverbesserung, antiinflammatorische, immunstimulierende, gefäßabdichtende Wirkungen« sowie eine »Löschung des Schmerzgedächtnisses«.[12] Eine frühere Version des Wikipedia-Artikels dazu klang dagegen fast ein wenig gehässig: »Diese Therapieform der Neuralmedizin ist den Pseudowissenschaften zuzurechnen.«[13]

Ich möchte kurz beschreiben, wie es mir damit gegangen ist, denn ich habe tatsächlich positive Erfahrungen mit dieser Art der Behandlung gemacht.

Was passiert bei einer Neuraltherapie? Es beginnt mit dem Muskelwiderstandstest aus der ebenfalls nicht unumstrittenen »Parawissenschaft« der Kinesiologie[14], bei der Blockaden im Körper und in seinem Energiefluss ermittelt werden. Zunächst lege ich mich also hin, und die Ärztin nimmt meinen rechten Arm. Dann tastet sie bestimmte Bereiche wie Stirn, Hals, Nebenhöhlen, Rücken, Mundhöhle oder Bauch ab und drückt gegen den Arm. Bei genug Widerstand – wenn ich also ihrem Druck standhalten kann – scheint alles in Ordnung zu sein. Sobald mein Arm aber nachgibt oder zittert, besteht Handlungsbedarf, und sie injiziert das Procain im betroffenen oder stellvertretenden Bereich. Bei mir sind das bis heute meistens die Stelle zwischen den Augen für die Nebenhöhlen, der Mundraum, der Rücken oder ganz bestimmte Narben an den Knöcheln, die von einem skurrilen Fahrradunfall herrühren, im Zuge dessen ich die Wunde selbst geklammert habe. (Aber das ist eine andere Geschichte.) Nach den diversen Einstichen sind die entsprechenden Stellen leicht betäubt, allerdings nur für wenige Minuten.

Die ersten drei Sitzungen haben mich regelrecht begeistert. Obwohl von meinem Essener Freund M. eher skeptisch eingestimmt, fühlte ich mich, als hätte mir jemand eine neue Batterie eingesetzt: geradezu revitalisiert und auch an den Folgetagen weniger erschöpft, entkrampfter und schmerzfreier in den Bereichen, in denen ich traditionell empfindlich bin – wie Nebenhöhlen, Zahnfleisch, Rücken oder Magen.

Es gab natürlich auch Sitzungen, nach denen ich keinerlei Veränderung gespürt habe. Und mich gefragt habe, warum ich mir gerade freiwillig zehn Spritzen habe setzen lassen. Bis heute bin ich aber überwiegend zufrieden; ich lasse die Behandlung im Schnitt alle drei Monate vornehmen, und sie ist jedes Mal eine Art kleiner Stimmungs-Relaunch für mich. Noch ein Satz zu den Kosten: Die Krankenkasse bezahlt die Neuraltherapie in der Regel nicht, aber 25 Euro pro Sitzung haben zumindest mich nie von dieser eher experimentellen Behandlung abgehalten. Mag sein, dass die Behandlung mehr symbolischen Charakter hat, als dass sie mir tatsächlich im medizinischen Sinne hilft. Aber glaubt mir, wenn ich sage: Symbolik ist zu einem wichtigen Bestandteil meiner Gesundheit geworden, nicht nur der psychischen.

Beim Stichwort »Medikamente gegen Trauer« will ich das Thema »Alkohol und Drogen« nicht außer Acht lassen. Im Alter zwischen sechzehn und dreiunddreißig hab ich Alkohol genutzt wie Kurzurlaube. Drei bis vier Tage die Woche bin ich abends verreist. Spätestens jedoch nach der Geburt unseres ersten Sohnes nahm mein Alkoholkonsum erheblich ab. Die frühere Freude an Schnaps und Bier hängt natürlich viel mit dem Nachtleben zusammen, in das man sich als Single und jüngerer Mensch häufiger fallen lässt, aber auch meine Vergangenheit als Barkeeper hat mich in Bezug auf das Trinken stark geprägt und womöglich auch desensibilisiert. Dazu kam das Selbstverständnis als Musiker und Autor, der schon standesgemäß nicht nüchtern auf die Bühne gehen kann. Im Nachhinein ist das natürlich albern, aber lange Zeit klang es für mich höchst plausibel.

Als Olivia krank wurde, habe ich endgültig aufgehört zu trinken. Anfangs noch schrittweise, doch dann war irgendwann Schluss. Das hatte zunächst einen hauptsächlich praktischen Grund: Ich konnte es mir als teilzeitalleinerziehender Vater (mit einem kranken Kind) nicht mehr erlauben, verkatert zu sein; es wollten ja selbst in krisenfreien Zeiten jeden Morgen zwei mitunter renitente Kids geweckt, versorgt und zur Schule und Kita gebracht werden. Zudem hatte ich in jenen herausfordernden Jahren das Gefühl, mental immer hundertprozentig funktionieren zu müssen. Jederzeit darauf vorbereitet, mich um die Kinder zu kümmern, bei Notfällen ins Krankenhaus zu fahren und für sie geistig und körperlich stabil zu bleiben. In den letzten Jahren hatte sich mein Eindruck verstärkt, dass Alkohol mich niedergeschlagener, gereizter und vor allem auch gesundheitlich anfälliger mache. Früher war ich fünfmal im Jahr krank, heute liegt meine letzte heftige Grippe über sechs Jahre zurück – und das nach drei Jahren Pandemie. Vielleicht waren meine ewige Melancholie und mein dürftiges Immunsystem immer schon zum Teil dem Alkohol geschuldet, doch wenn die ganze Welt um einen herum im Akkord trinkt, ist das manchmal nur schwer zu erkennen. Insbesondere während einer Jugend in Bayern.

Im Grunde fand ich den Gedanken, gar keinen Alkohol mehr zu trinken, immer schon reizvoll, auch wenn das über lange Jahre in der Praxis unvorstellbar war. Ein paar meiner Studienfreunde hatten sich damals einem Straight-Edge-Lifestyle verschworen und weder Alkohol noch Drogen konsumiert, was mir mit Anfang zwanzig wie ein Weltwunder erschien – als hätte mir jemand erzählt, er habe gerade am Ironman-Wettkampf auf Hawaii teilgenommen. Und auch wenn die guten Vorsätze meiner Kommilitonen nicht länger als ein, zwei Jahre gehalten haben, blieb das Ideal einer solchen Selbstkontrolle und Unabhängigkeit dennoch positiv bei mir hängen. Vielleicht auch, weil ich es immer schon merkwürdig fand, dass man Alkohol in Deutschland als Kulturgut ausgibt und dabei bequem unter den Tisch fallen lässt, wie viele Autounfälle dadurch passieren, wie viele Gewalttaten entfacht und wie selbst sonst eher zielorientierten Personen jegliche Selbstkontrolle entgleitet.

Bis ich achtzehn wurde, hat mir weder Bier noch Wein geschmeckt, geschweige denn Schnaps, und ich habe mich regelmäßig nach dem Alkoholkonsum übergeben. Dazu kam, dass es mir oft unangenehm war, wenn meine Eltern nachts von ihrem Lieblingslokal heimkehrten und plötzlich so seltsam gut gelaunt und zwanghaft ironisch waren. Zudem habe ich in sämtlichen Lebensphasen viele Freunde äußerst zweifelhafte Dinge im Suff sagen hören und tun sehen. Nicht alles war so spektakulär wie der Moment, als ein guter Freund nach einem Konzert von Depeche Mode einen Stuhl aus der VIP-Lounge hinunter in die – zum Glück bereits leere – Düsseldorf-Arena warf. Immerhin konnte er reflektiert auf die Frage, warum er das getan habe, antworten: »Weil ich besoffen bin, Digga.« Ich selbst hatte mit Mitte zwanzig eine Phase, in der ich nachts nach dem Club Autospiegel von Autos abgetreten oder Korbstühle aus Außenbestuhlungen geklaut habe. Ich kann selbst nicht mehr rekapitulieren, was mich geritten hat – es muss eine Mischung aus Selbstdarstellung, Sinnkrise und diesem fürchterlichen Augustiner Edelstoff gewesen sein. Ziemlich betrunken habe ich auch mal ein altes, kaputtes Fahrrad auf dem Nachhauseweg mitgehen lassen, um nicht zu Fuß gehen zu müssen, doch Münchner Cops lauerten mir hochprofessionell in einem zivil getarnten VW-Bus auf, verfrachteten mich auf die Wache und verhörten mich mit Methoden des Baltimore Police Departement. Das darauffolgende Verfahren wurde nach einer Spende an eine wohltätige Einrichtung eingestellt, und ich habe auch heute noch keinen Eintrag in meinem polizeilichen Führungszeugnis. Allerdings nahm ich mir danach vor, in Zukunft etwas weniger zu trinken.

Mein kompletter Verzicht auf Alkohol fiel ungefähr mit dem Zeitpunkt zusammen, an dem ich Vegetarier wurde. Es war ein *Two-in-one*-Veränderungspaket, von dem ich mir einiges versprach, nachdem ich in den Jahren zuvor nach längeren Abstinenzphasen immer umsonst auf eine Art Wunderwirkung gehofft hatte. Wo blieb denn die super Kondition, die fantastische Haut oder die bessere Stimmung? Auch dieses Mal dauerte es lange – fast zwei Jahre –, bis ich Verbesserungen registrierte: Meine Verdauung funktionierte ohne Alkohol besser und regelmäßiger, ich war weniger müde, hatte seltener Stimmungsschwankungen und mehr Energie für Sport. Das ist bis heute so geblieben. Ich fühle mich mit Alkohol nicht im Vollbesitz meiner geistigen und körperlichen Kräfte, und die brauche ich. Möglicherweise kommt irgendwann wieder eine Zeit, in der man sich hin und wieder ein Glas Wein gönnt, aber momentan ist mein Misstrauen gegenüber diesem »Medikament« zu groß. Vielleicht führe ich besser noch einen Disclaimer an, bevor man mich der Scheinheiligkeit bezichtigt, sollte man mich zufällig mal in einer warmen Sommernacht in Berlin auf der Straße mit einem Longdrink in der Hand treffen: Ich gebe zu, dass ich auch heute noch circa zweimal im Jahr, vorzugsweise im Sommer, ein Glas Rosé oder einen Cuba Libre trinke. Doch natürlich gab und gibt es Jahre ohne auch nur den geringsten Tropfen – *and I survived*. Mein Verzicht auf Alkohol war im Grunde keine strikte Askese. Er hatte sich nur irgendwann nicht mehr nach Urlaub, sondern nach Resignation angefühlt. In der Regel fällt mir der Verzicht auch leicht. Außer vielleicht auf Buchmessen.

Ich war nie der größte Drogenbefürworter, ging eher verängstigt mit dem Thema um, mindestens aber mit großem Respekt. Der US-amerikanische *War on Drugs* hatte selbst in meiner Jugend in Deutschland ideologisch seine Spuren hinterlassen. »Keine Macht den Drogen« stand auf vielen T-Shirts und Stickern rund um unser Gymnasium in Niederbayern, und ich erinnere mich, dass ich annahm, nur eine einzige Line Kokain programmiere eine Laufbahn à la Christiane F. vor. Mit den Jahren bin ich zugegebenermaßen etwas liberaler geworden und kann über kosmische Pilztrips dozieren oder sogar einigermaßen unterscheiden, ob ich gerade gutes oder schlechtes Gras rauche, aber bei meiner Trauerarbeit hat mir vermutlich weder das eine noch das andere geholfen.

4

Baustellen: Psychotherapeutische Hilfe

Psychologische Hilfe nahm ich zum ersten Mal nach der Totgeburt unseres ersten Sohnes in Anspruch. Nicht aus Eigenantrieb, sondern weil mir von nahezu allen Seiten dazu geraten wurde. Ich wehrte mich durchaus nicht gegen eine Therapie, ich war nur unerfahren und dementsprechend scheu. Doch neben dem Leidensdruck der familiären Katastrophe war da letztlich auch eine gewisse Neugier, mehr über mich selbst herauszufinden.

Ich sehe es grundsätzlich als erfreuliche Entwicklung, dass fünfzehn Jahre später deutlich mehr Leute bereitwillig Therapien beginnen und die Psychotherapie zumindest in den Großstädten in der Regel nicht mehr mit »Geisteskrankheit« assoziiert wird. Der Nachteil ist, dass es heute schwieriger denn je ist, einen Therapieplatz zu bekommen, jedenfalls bei kassenärztlich zugelassenen Therapeut:innen.

Im Frühjahr 2007 war diese Aufgabe noch nicht ganz so schwer lösbar. Ich durfte mich ohne Weiteres bei fünf Therapeut:innen vorstellen – jeweils mit der Aussicht auf sofortigen Therapiebeginn. Von den überwiegend männlichen Therapeuten wirkten die meisten jedoch passiv bis desinteressiert auf mich. Zum Glück traf ich am Ende dieser Terminserie auf eine

Therapeutin, die mir zumindest präzise Fragen stellte: Was genau ist Ihnen passiert? Wie geht es Ihrer Frau? Wie geht es Ihnen? Wie trauern Sie? Wollen Sie noch mal Kinder? Wie stellen Sie sich Ihr Kind vor, wenn es überlebt hätte? Fragen, die mich gefordert haben, bei denen ich mir ernst genommen vorkam. Nur das Ergebnis verblüffte mich, denn am Ende der Sitzung resümierte die Therapeutin, ich sei glasklar in meiner Analyse der Situation, ausreichend reflektiert und brauche deswegen keine Psychotherapie.

Zunächst habe ich mich natürlich bestätigt gefühlt. Es hat mein Ego gestreichelt, dass ich offensichtlich selbst in der Lage war, mit meinem Verlust umzugehen. Doch dieser Streichel-Effekt hielt nur zwei Tage an, dann fühlte ich mich irgendwie missverstanden. Ich wollte doch Hilfe erhalten, ich war ja freiwillig deswegen gekommen. Ich brauchte kein Zertifikat, das belegte, dass ich okay war, denn ich fühlte mich nicht okay. Oder war ich es doch? Ich war verwirrt.

So ähnlich hatte ich das auch öfter in privaten Kontexten erlebt: Man traute mir zu, alles im Griff zu haben, selbst wenn ich mich eher hilflos fühlte. Ein Gefühl, das ich offensichtlich nicht nach außen transportierte. Mit diesem Gegensatz habe ich bis heute oft zu kämpfen. Ich will, dass sich jemand um mich kümmert, aber scheine auszustrahlen: Der Mensch kommt alleine klar. Eine andere These lautet: Womöglich hat mein Gegenüber nicht genügend Energie, um sich mit meinen Problemen zu beschäftigen, und nimmt daher nur allzu gerne an, dass ich die Dinge im Griff hätte. Das ist bequemer, kann aber natürlich kein Argument für Therapeut:innen sein. Vielleicht hat besagte Psychologin ihren Abschlusssatz auch nur geäußert, um mich für eine gewisse Zeit zu bestärken, weil sie doch keinen freien Therapieplatz hatte und mich nicht einfach so wegschicken wollte.

In jedem Fall hat mich die Episode ein bisschen in falscher Sicherheit gewiegt, wie sich Jahre später herausstellen sollte.

Die nächste Begegnung mit einer für mich zuständigen Psychologin war an der Berliner Charité, wo Olivia im Sommer 2016 zur Entfernung ihres Tumors auf der Station 30i der Kinderonkologie lag. Ich habe die Dienste der Stationstherapeutin nur selten von Angesicht zu Angesicht in Anspruch genommen, die meiste Zeit haben wir per E-Mail kommuniziert. Aber ich erinnere mich an das erste Mal, als ich – relativ fassungslos über »Missgeschicke« der Charité – bei ihr im Büro saß und eigentlich eine Stunde lang nur lamentierte: über Olivias Tumor, über das Krankenhaus, über meine Eheprobleme, über die Ungerechtigkeit, dass so was uns passierte. Sie hatte solche Lamentos vermutlich schon viele Male gehört und tat erst gar nicht so, als wären wir die Einzigen mit derartigen Problemen. Auch versuchte sie nicht, uns eine schnelle Lösbarkeit all dieser Probleme zu suggerieren. Sie nahm einfach an, was ich ihr erzählte. In aller Ruhe. Wenn sie Hilfe anbot, dann war das keine eher philosophische, sondern immer praktisch gedacht. Sie half beim Kontakt zu Ärzt:innen, steckte uns geheime WLAN-Passwörter zu oder passte auf Olivia auf, wenn wir in Besprechungen waren. Von mir erwartete sie weder Leistung noch Aufarbeitung, und sie gab auch keine konkreten mentalen *Survival*-Tipps, außer wenn ich danach fragte. Das hat mich anfangs verwundert, ich hatte mir eine Krankenhaus-Psychologin anders vorgestellt. Im Nachhinein finde ich ihre Zurückhaltung angebracht. Sie hat keine falschen Hoffnungen geweckt, uns als Eltern auch nicht das Gefühl gegeben, in dieser Extremsituation noch mehr mentale Arbeit leisten zu müssen, als wir ohnehin schon leisteten. Die Message lautete: Das ist eine überaus schwierige Lage, und ich weiß, ihr gebt euer Bestes.

Ein gutes Beispiel für ihre Art der Betreuung ist eine E-Mail-Korrespondenz aus dem Jahr 2017, als Olivia für ein paar Wochen in Essen zur Protonentherapie war und wir als Eltern abwechselnd dort mit ihr wohnten. Ich beschrieb der Psychologin damals, wie die logistischen Irrungen an unserer ohnehin schon angeschlagenen Psyche zerrten. Da gab es die sich ständig verschiebenden Termine, da verschwanden Notizen mit der Anzahl von Blutkörperchen, einmal lief sogar das Zytostatikum während der Infusion aus und verätzte ein kleines Stück Haut auf Olivias Brust. Ich schrieb der Psychologin, dass wir eigentlich nicht mehr könnten, dass nur die Liebe zu unserer Tochter uns noch aufrecht halte.

> Man scherzt mit ihr und freut sich über alle Fortschritte, nimmt jeden Tag für sich, aber wird dann doch den Gedanken nie los, dass man nicht weiß, wie viel Zeit man noch mit ihr hat. Das ist schlichtweg grauenvoll, und daran gewöhnt man sich auch nicht.

Ihre Antwort kam am nächsten Tag, und neben aufrichtigem Bedauern, »Teil dieses chaotischen Systems« zu sein, hat sie in dieser Mail auch einen mir bis heute wichtigen Satz geprägt:

> Die Ungewissheit und die Angst begleiten einen. Vielleicht hilft es zu wissen, dass sie Ausdruck der Liebe zu deinem Kind sind. Und auch zu begreifen, dass man untröstlich sein kann.

Zuerst war ich erschrocken. *Untröstlich?* Es gab also keinen Trost? Und damit auch keine Hoffnung? War das Wort »untröstlich« ihr versteckter Hinweis darauf, dass Olivia sowieso bald sterben würde? Wusste sie mehr als wir?

Es hat eine Weile gedauert, bis ich es verstanden habe: Es ist in Ordnung, untröstlich zu sein. Man darf es sein. Ein Kind zu verlieren, kann man nicht schönreden, und man muss weder den tieferen Sinn dahinter erkennen noch all seine Kraft aufwenden, um sich der Situation zu erwehren. Man muss eigentlich gar nichts. Man darf auch erst mal verharren in Schrecken, in Angst, in Trauer. Es gibt keinen Trost, der ausreichen könnte.

Ich habe im Lauf der Jahre immer mal wieder über diesen Satz nachgedacht. Trost wollte die Psychologin nicht versprechen und auch keine schnelle Heilung. Da war sie Realistin. Der Trost lag vielmehr im Versuch, die Situation anzunehmen, den Widerstand gegen etwas aufzugeben, was einem so grotesk und grausam vorkam.

Das Prinzip des *Annehmens* wird noch öfter in diesem Buch auftauchen, daher ist es vielleicht an der Zeit, ganz klar den Unterschied zum »Loslassen« aufzuzeigen. »Annehmen« bedeutet, seine Energie nicht an Dinge zu verschwenden, die man nicht ändern kann. Das kann sich mit dem Loslassen überschneiden. In Bezug auf eine verstorbene oder kranke Person entfalten die Wörter jedoch eine unterschiedliche Semantik: Ich kann Olivias Krankheit und Tod annehmen und meinen Frieden damit machen, ich muss sie aber nicht loslassen.

Zum selben Schluss kam auch der Autor und Psychologe Roland Kachler, der als Trauertherapeut jahrelang seinen Patient:innen gesagt hatte, sie sollten Abschied nehmen und loslassen – bis er seinen eigenen Sohn verlor.

> Ich habe natürlich wahrgenommen, dass Trauernde sich dabei nicht richtig verstanden fühlten und sich nicht selten gegen mein Drängen auf Loslassen wehrten. (…)

> So fühlte ich mich in meiner eigenen Trauer um meinen Sohn dann auch von der gängigen Trauerliteratur nicht verstanden.[15]

Kachler hat seinen gesamten Traueransatz umgeworfen und plädiert in seinem Buch *Meine Trauer wird dich finden* dafür, sich eine Art Weiterleben mit der verstorbenen Person zu erlauben und sich vom einst fast dogmatischen Prinzip des Loslassens als essenziellem Teil der Trauerarbeit zu verabschieden.

Trost in der Untröstlichkeit zu finden, die Akzeptanz zu suchen statt eines abrupten Paradigmenwechsels, kann ich sehr befürworten. Ich sehe allerdings auch eine Gefahr darin, sich zu ausgiebig im Erlebten aufzuhalten. Ich will Olivias Tod annehmen und würdigen, ihn aber nicht dauerhaft als zentrales Element meiner Vita sehen, sondern als einen notwendigen Teil davon. Als eine Verletzung, die vermutlich nicht heilbar ist und auch nicht um jeden Preis geheilt werden muss, die aber durchaus heilen darf.

Das Annehmen ist wiederum nicht mit Resignation gleichzusetzen. Ich habe mich nicht einfach so damit abgefunden, dass Olivia Krebs hatte. Ich hätte alles dafür getan, ihr eine Heilung zu ermöglichen. Und doch habe ich irgendwann meinen Widerstand gegen die Zeit aufgegeben. Gegen die unabwendbare Chronologie der Krankheit. Gegen Dinge, die ich nicht beeinflussen konnte. Letztlich gegen ihren Tod. Dahinter steckte kein Konzept, eher eine praktische Überlegung: Ich reservierte dadurch Energie für Dinge, die ich sehr wohl beeinflussen konnte. Mich um die Kinder zu kümmern, um Formulare, Therapien und Rechnungen, um meine Arbeit, um das Aufrechterhalten einer Infrastruktur. Und nebenbei durfte ich dennoch »untröstlich« sein. Traurig, erschöpft, ausgebrannt, wütend, frustriert und niedergeschlagen. Ich durfte depressive Schübe erleben und tage- oder wochenlang wenig auf die Reihe bekommen – außer, Olivia ins Krankenhaus zu fahren und unseren Sohn zur Schule zu bringen. Indem ich mir aber selbst den Druck nahm, nach alten Maßstäben den Alltag leben zu müssen, war ich letztlich deutlich schneller wieder dazu in der Lage. »Untröstlich sein« war und ist mein Notstromaggregat.

Noch etwas hat die Stationspsychologin damals gesagt: Es erstaune sie bei jeder neuen Familie auf der Station immer wieder, wozu Familien unter diesem immensen Druck in der Lage seien. Sie organisierten und arbeiteten, sie hälfen und begleiteten, sie führen in Urlaub und feierten Geburtstage, gleichzeitig trauerten sie und seien völlig am Ende. Alles das dürfe sein und widerspreche sich nicht, sagte die Psychologin, und es sei erstaunlich, was der Mensch alles hinbekomme, wenn er müsse. Man nennt das auch *Dual Process*, wie bereits erwähnt, und noch heute halte ich dieses Prinzip fast für eine Art kleines Wunder. Es ist erstaunlich, was Menschen leisten, wenn sie müssen.

Nach Olivias Tod im Jahr 2019 war ich der – für mich selbst im Nachhinein überraschenden – Meinung, eine psychologische Behandlung bringe mich an dieser Stelle nicht weiter. Wie ich bereits erwähnt habe, spürte ich in den ersten Wochen nach ihrem Tod eine Art Aufbruchsstimmung und hatte kein Bedürfnis nach Aufarbeitung. Das Leben sollte jetzt gefälligst endlich weitergehen.

Doch schon bald schlichen sich nicht nur physische Ermüdungserscheinungen ein, sondern auch die alte Ungeduld und der Frust mit Kind, Freundin und Straßenverkehr in Berlin. Und das sogar mit neuer Wucht. Es türmte sich langsam ein Berg von negativen Emotionen auf, und ich fragte mich, warum ich in all den Jahren von falschen Annahmen ausgegangen war, indem ich auf eine Art Katharsis nach ihrem Tod gehofft hatte. Die eigentliche Trauer schien jetzt erst anzufangen.

Mit diesem Eindruck flog ich für ein paar Tage zu einem guten Freund nach Madrid, der dort ein paar Wochen lang arbeitete. Es war Anfang Juli, und die brutale Hitze in der engen Stadt fraß beinahe Löcher in den Asphalt. Trotzdem gingen wir jeden Tag fast fünfzehn Kilometer weit spazieren und kompensierten die Hitze mit ausdauernden Kreisläufen aus Essen und Trinken. Ich glaube, es war das letzte Mal, dass ich wirklich mehrere Tage hintereinander Alkohol getrunken habe. Irgendwann saßen wir nachts bei einem Bier auf der Straße im Ausgehviertel Malasaña, und mein Freund fragte mich, warum ich im Gegensatz zu meiner Ex-Frau eigentlich keine Therapie machte.

An dieser Stelle muss ich einräumen, dass ich – bei aller Einsicht in die Sinnhaftigkeit psychologischer Unterstützung – ansatzweise das Vorurteil hege, Therapien bestärkten Menschen in emotionalen Notlagen, vergäßen aber manchmal, den Schalter anschließend umzulegen und wieder in den Normalbetrieb zu kommen, sprich: Empathie für andere aufzubringen. Ich hatte zudem eine naive und auch vorverurteilende Auffassung von der Tiefenpsychologie, die sich meiner Meinung nach jahrelang mit Traumata aus der Kindheit aufhielt und sie dadurch eher noch nährte, statt Klient:innen zügiger die eigene Handlungsverantwortung zurückzugeben.

Sicher habe ich auch in jener viel zu warmen Nacht in Madrid etwas ähnlich Unreflektiertes geantwortet. So was wie: Ich bin doch eh so ein selbstkritischer Mensch, was kann mir eine Therapie schon anbieten? Und dabei vielleicht auch an die Psychologin gedacht, die mich nach der Totgeburt unseres ersten Sohnes, Vincent, damals nicht hatte behandeln wollen.

Mein Freund in Madrid hat sich das alles angehört und vermutlich nicht schlecht gestaunt, dass ich therapeutische Hilfe in meiner Situation so kategorisch ausschloss. Kritisiert hat er mich nicht, mich stattdessen gefragt, was es denn schaden könne. Darauf hatte ich keine plausible Antwort.

Durch meinen Status als verwaister Elternteil war es für mich vermutlich nicht so schwierig, einen Therapieplatz zu bekommen, wie für andere Leute. Es hat trotzdem mehrere Mails, einige Monate und eine Empfehlung der ehemaligen Stationspsychologin gebraucht, bis mich Frau F. – eine Verhaltenstherapeutin – zurückrief.

Ende August 2019 saß ich zum ersten Mal in ihrem riesigen Raum, in dem außer ihrem Schreibtisch nur zwei Sessel standen, dazwischen ein kleines schwarzes Tischchen mit den obligatorischen Papiertaschentüchern. Den Großteil des Bodens machte ein riesiger dunkelroter Teppich in der Mitte aus. Auf den komme ich gleich noch zurück. Auf einer Art Terrasse hingen tibetische Gebetsfähnchen. Ich habe sie nie gefragt, ob sie Buddhistin ist.

Gefragt hat sie dafür mich, was mein Anliegen sei. Und darauf war ich vorbereitet, denn das hatte mir die Psychologin aus der Charité beigebracht: Therapeutinnen und Therapeuten finden es gut, wenn man mit einem konkreten Anliegen kommt. Sonst müssten sie zusätzlich zur Bearbeitung des Anliegens erst noch herausfinden, was das Anliegen eigentlich ist.

Doch ein konkretes Anliegen zu finden, war gar nicht so einfach; meine Trauer und Depression äußerten sich ja so diffus, dass ich sie kaum benennen konnte. Symptome und Ursachen waren kaum auseinanderzuhalten. Ich wusste nur, dass es mir nicht gut ging. Mein Anliegen muss also so was gewesen sein wie: Der Tod meiner Tochter hat mich ziemlich erschöpft.

Ich will aber stabil bleiben. Für meinen Sohn. Und auch für meine Beziehung.

Und Frau F. kam gleich in der ersten Sitzung auf eine wichtige Strategie, die über all die Jahre Thema unserer Sitzungen blieb: *Schauen Sie sich Ihre Baustellen an. Entwirren Sie Ihre Trauer. Finden Sie die einzelnen Ursachen.*

Aufgeschrieben klingt das auf Anhieb plausibel, dennoch habe ich es zunächst falsch verstanden. Ich verstand: Bei einem Streit mit der Freundin ist nicht die Freundin schuld und auch nicht die Tatsache, dass sie ohne dich in den Urlaub fährt, sondern es ist eigentlich nur die Trauer um Olivia, die dich wütend macht oder wie gelähmt tagelang auf dem Sofa sitzen lässt. Doch so hatte Frau F. es nicht gemeint. Ich sollte ganz sicher nicht alle meine Probleme mit Olivias Tod in Verbindung bringen. Im Gegenteil.

Was ich hier als »Baustellen-Therapie« bezeichne, ist eine Aufforderung zur präziseren Trauer. Etwa mithilfe der Fragen: Wo ist die Trauer spezifisch, identifizierbar und zuweisbar, wo bezieht sie sich klar auf den Verlust von Olivia? Und wie kann ich sie von den anderen Bereichen meines Lebens isolieren? Wie kann ich sie aus der Beziehung heraushalten? Aus der Erziehung? Aus dem Beruf und aus dem Sozialleben? Aus dem Straßenverkehr? Und wo liegen weitere Quellen für Trauer und Depression? Welche Rolle spielen die Kindheit, die Eltern? Und ist nicht manchmal der Streit in der Beziehung Grund genug für Trauer? Wo ist der Punkt, an dem sich alles vermischt?

Schauen Sie sich Ihre Baustellen an, Herr Mayer.

Selbst Jahre später versuche ich noch, zuweilen vergeblich, herauszufinden, was genau mich gerade verletzt oder traurig macht. Ich bemühe mich, Struktur in meine Niedergeschlagenheit zu bekommen. Habe ich nicht auch Magenprobleme, weil ich mich bescheuert ernähre? Muss ich mich cholerisch mit meinem Sohn über die Französisch-Note streiten, nur weil ich mich erschöpft fühle? Allmählich fange ich an zu verstehen, wo meine Trauer bereits vorhandene negative Emotionen verstärkt und beschleunigt und womit sie vielleicht gar nichts zu tun hat. Daraus ergeben sich weitere Fragen: Was kann ich tun, um die einzelnen Konflikträume getrennt voneinander abzugehen und zu bearbeiten? Kann ich lernen, präziser zu trauern?

Denn es passiert häufig, dass ich depressive Stimmungen oder überempfindliches Verhalten auf Olivias Krankheit und Tod schiebe, fast so, als könnte ich damit die Verantwortung abgeben.

Diese emotionale »Mülltrennung« ist nichts, was man heute lernen kann und ab morgen beherrscht. Es bedarf einer ständigen Übung, Wiederholung und Kontemplation. Der Satz mit den Baustellen ist für mich zu einer Art Anleitung geworden. Wenn es mir schlecht geht, nehme ich das Gefühl erst einmal an. Irgendwann setze ich meinen Bauarbeiterhelm auf und gehe an die Arbeit. Überprüfe, was die Ursachen sein könnten, wenn sie nicht auf Anhieb klar sind.

»Sie haben ja auch mehrere plausible Gründe, traurig zu sein«, hat Frau F. mal gesagt.

Als einzig legitimen Grund, so entmutigt und erschöpft zu sein, hatte ich mir bis zur Therapie nur den Tod unserer Tochter erlaubt. Frau F. wunderte das:

»Sie sind doch geschieden. Ist damit nicht auch Ihre Ehe gescheitert? Jetzt sind Sie alleinerziehend. Das kann Sie doch auch traurig stimmen.«

Ich weiß gar nicht, warum ich mich bis heute immer noch ein wenig weigere, das als Trauergrund anzuerkennen. Vermutlich, weil die Trennung so sehr von Olivias Geschichte überschattet worden ist. Vielleicht, weil ich relativ bald danach eine neue Beziehung hatte. Vielleicht, weil ich es oft auch als eine Herausforderung betrachtet habe, alleinerziehend zu sein. Weil ich das schaffen wollte, ohne mich zu beklagen. Weil ich ein moderner Mensch in einer modernen Welt sein wollte, in der eine gescheiterte Ehe oder das Alleinerziehen nichts Besonderes darstellt. Vielleicht aber auch, um mir kein weiteres Scheitern einzugestehen. Denn auch Olivias Krankheit fühlt sich an wie ein Scheitern. Wie die eigene Schuld. Ist es nicht die Aufgabe der Eltern, die Kinder vor Krankheit und schlimmen Dingen zu bewahren?

Zurück blieb immer ein gewisser Widerstand dagegen, mich in der Therapie auch noch mit meiner Ehe oder sogar mit dem Verhältnis zu meinen Eltern und mit meiner Kindheit auseinanderzusetzen. Stattdessen habe ich Frau F. monatelang in jeder Sitzung von Beziehungsproblemen mit der aktuellen Freundin erzählt, denn die konnte ich am besten in Worte fassen, die schienen mir nach dem Tod meiner Tochter am relevantesten, hier fühlte ich am intensivsten. Die Trauer um Olivia war zwar mein originäres Anliegen, aber irgendwie auch abstrakt und diffus, fühlte sich ermüdend und schwer an, kaum greifbar, und entlud sich meiner Meinung nach meistens in meiner relativ neuen Beziehung.

Meine damalige Freundin konnte sehr viel Nähe, Aufmerksamkeit und Energie schenken, zog sich aber auch schnell zurück, wenn sie sich verletzt fühlte. Das war oft ein für mich zermürbendes Hin und Her zwischen Nähe und Distanz, auf das ich nicht mit Ruhe oder Wohlwollen reagieren konnte, auch weil ich dachte, meine jüngste Geschichte legitimiere mich dazu, mich sofort zurückgewiesen und von allen alleingelassen zu fühlen.

Nach und nach wich die Therapie vom eigentlichen Ziel der Trauerarbeit ab und wurde zu einer Art Paarberatung mit nur einem anwesenden Partner. Dennoch sah ich den Ursprung all meiner Probleme weiterhin im Verlust unserer Tochter.

Ich vermute mal, dass Frau F. eine weniger traditionelle Sicht auf Beziehungen hat als ich, gerade deshalb habe ich eine Menge von ihr gelernt. Denn vieles von dem, was ich ihr im Lauf der Jahre so hochdramatisch aus meinem Beziehungsalltag geschildert habe, wurde zwar nicht von ihr belächelt, hat sie aber manchmal zum Lächeln gebracht. Nicht immer kam ich mir ganz ernst genommen vor, aber meistens war es auch genau das, was mich erleichterte. Von ihr sinngemäß zu hören: Es ist nur der Versuch zweier Menschen, sich zu verstehen – Probleme sind vorprogrammiert, wenn unterschiedliche Persönlichkeiten und Traumata aufeinandertreffen. *Vor allem mit Ihrer Vorgeschichte, Herr Mayer.*

Womöglich war das eine sanfte Banalisierung unserer Beziehungsprobleme, dadurch nahm sie aber auch den existenziellen Druck heraus. Sie verstand, dass ich offensichtlich ihre Hilfe brauchte, um die Beziehungsprobleme von meiner Trauer um Olivia zu trennen oder um wenigstens zu erkennen, wo sich beide Phänomene verbanden und wo sie nur wenig miteinander zu tun hatten. Das war nicht nur für meine persönliche Entwicklung wichtig, sondern auch, um den Druck von meiner Partnerin zu nehmen, für meine geistige Gesundheit verantwortlich zu sein. Denn natürlich suchte ich jetzt in der Beziehung oft mein allumfassendes Heil, um die deprimierenden Ereignisse im Rest meines Lebens zu kompensieren. Und eine Beziehung, die das alles unbeschadet aushält, muss sicher erst erfunden werden.

Irgendwann stand Frau F. jedoch plötzlich inmitten eines meiner Monologe auf, so als reichte es ihr jetzt mit meinen Lamentos, als müsste sie jetzt zur Tat schreiten. Sie bat mich, ebenfalls aufzustehen und mich in die Mitte ihres riesigen dunkelroten Teppichs zu begeben. Meine Partnerin und ich befanden uns damals in einer Trennungsphase, und Frau F. verlangte, dass ich mich dorthin stellte, wo ich mich in der Beziehung aktuell sah. Ich stellte mich selbstbewusst in die Mitte des Teppichs. Danach bat Frau F. mich, meine Partnerin aufzustellen. Dazu sollte ich sie als Stellvertreterin nehmen. Also führte ich Frau F. an den Rand des Teppichs und platzierte sie mit dem Rücken zu mir. Dann fragte sie mich:

»Ist Ihre Freundin jetzt weg?«

»Äh, nein. Aber sie steht relativ weit entfernt.«

»Wo geht sie als Nächstes hin?«, fragte Frau F.

»Ich glaube, sie steht da noch eine Weile rum.«

»Aber verlässt sie den Teppich?«

»Nein, ich glaube, sie bleibt auf dem Teppich.«

»Dreht sie sich wieder um?«

»Klar dreht sie sich irgendwann wieder um«, sagte ich.

»Kommt sie auch wieder näher?«

»Sicher, irgendwann. Aber irgendwann geht sie auch wieder.«

»Aber sie bleibt auf dem Teppich?«, fragte Frau F. nach.

»Ich denke schon.«

»Dann können wir uns jetzt wieder hinsetzen«, sagte sie.

Nachdem wir Platz genommen hatten, fragte sie mich, welche Erkenntnis ich gewonnen hätte.

»Dass meine Freundin auf dem Teppich bleibt.«

»Sehen Sie, deshalb glaube ich Ihnen nicht, dass Sie sich trennen. Sie führen auch weiterhin eine Beziehung. Es mag nicht die sein, die Sie sich wünschen, und es ist sicher nicht einfach. Aber eine Trennung sieht anders aus.«

»Und wenn ich nicht so weitermachen will mit dem Kommen und Gehen?«, fragte ich nach.

»Dann müssen Sie das nicht. Es ist immer Ihre Entscheidung, ob die Art der Beziehung, die Sie mit jemandem führen, die richtige für Sie ist. Sie können selbst gestalten.«

Es war wichtig, das zu hören. Die Entscheidungshoheit in Beziehungen liegt immer auch bei mir. Ich gestalte selbst. Obwohl das selbstverständlich erscheint, muss ich mich regelmäßig daran erinnern. Auch daran, dass Beziehungen ständig verhandelt werden müssen und sich dauernd verändern. Dass Nähe und Distanz oft notwendige Inhaltsstoffe sind. Selbst in nichtromantischen Beziehungen versuche ich seitdem, darauf zu achten, ob Leute auf dem Teppich bleiben. Ob ich selbst auf dem Teppich bleibe. Wie groß der Teppich ist. Wer sich wohin auf dem Teppich bewegt. Und in welchen Intervallen. Ich überprüfe, wo meine Hoffnungen und Erwartungen mir nützlich sein können und wo sie hingegen destruktiv sind, wo sie die Bedürfnisse meines Gegenübers übertrumpfen wollen. Und ich überlege, wo ich selbst vielleicht zu lange auf dem Teppich geblieben bin. Teppiche und Baustellen.

Einen der schönsten Momente erlebte ich in der letzten Sitzung meiner ersten zwölfmonatigen Kurzzeittherapie. Ich hatte schon seit geraumer Zeit mit Frau F. vereinbart, dass ich ihr ein Video von Olivia zeigen würde. Es ist circa eine halbe Stunde lang und zeigt – mit Musik unterlegt – ein paar Highlights ihrer Kindheit, vom Babyalter an bis kurz vor ihrem Tod mit viereinhalb Jahren. In dem Video sieht man, wie sie plötzlich keine Haare mehr hat, dann auch keine Augenbrauen mehr. Wie ihre Haare wieder wachsen – sie trägt eine Weile einen lustigen Pixie-Schnitt –, wie sie wieder in die Kita geht, wie sie tanzt und sich ziemlich eloquent ausdrückt für eine Vierjährige, wie sie schimpft und schreit, wie sie singt und Songtexte über Vögel oder Dinos erfindet. Und wie oft ein gewisses Wissen, eine seltsame Weisheit in Olivias Blick zu liegen scheint, auch wenn ich mir das womöglich einbilde. Ein Wissen darum, dass sie nicht so viel Zeit hat wie andere Kinder, dass sie deshalb lieber ein bisschen forscher zur Sache geht, selbst wenn ihr das manchmal im Nachhinein leidtut. Das Video zeigt ein wildes und scheues Kind zugleich, ein lautes und kluges mit einem sehr eigenen Sinn für Humor. Ein starkes Kind, kann man sagen. Eins, das aus jedem Tag das Letzte herausholt.

Dieses Video habe ich Frau F. ein Jahr nach dem Beginn unserer Sitzungen vorgespielt, und danach habe ich sie zum ersten Mal ihre direktive Art ablegen sehen und sie ein wenig gerührt erlebt. Sie hat sich ganz aufrichtig dafür bedankt, dass ich ihr den Film gezeigt habe, dass ich sie teilhaben ließ am Leben unserer Tochter. Es war ein verbindender, schöner Augenblick.

Danach war die Kurzzeittherapie vorerst abgeschlossen, und für eine Weile konnte ich Frau F. nur noch zweimal pro Quartal besuchen; geschafft haben wir es meistens nur einmal. Ich kann mich an eine dieser Quartalssitzungen an einem recht kalten Wintertag erinnern. Ich war ziemlich zerknirscht, um es milde auszudrücken, und eigentlich fast froh darüber, denn ich dachte: Jetzt kann ich mich in meiner gesamten Verzweiflung zeigen. Bisher war ich in den Sitzungen überwiegend kontrolliert und einigermaßen reflektiert. Klar weint man mal, aber in der Regel habe ich sicher keinen völlig desolaten Eindruck gemacht, sondern war immer auch lösungsorientiert. Aber jetzt, so dachte ich, sieht mich Frau F. endlich mal in einer dieser Stimmungen, in denen ich mich am liebsten in Luft auflösen würde, in denen ich jede Stunde des Tages unerträglich finde. (Meine damalige

Freundin hat mal gesagt, das klinge »lebensmüde«.) Das war ein Gefühl, das ich bis dahin noch nie in einer Sitzung hatte reproduzieren können. Entweder weil mich schon der Gedanke an die Therapie aus einer depressiven Starre löste oder weil solche Phasen eher kurz waren und sie selten auf einen der wenigen Therapietage fielen. Und bis heute ist es so: Sobald ich in der Praxis eintreffe, bin ich in der Regel sortiert, veränderungswillig, hab mein kleines Notizbuch dabei und freue mich auf die Introspektion und vor allem auf die darauffolgende Katharsis.

Aber an jenem Wintertag saß ich aufgelöst vor Frau F., während es draußen schon um 15 Uhr dunkel wurde und der Tag auch sonst nichts versprach außer weiteren dunklen Gedanken. Ich war gespannt, ob Frau F. eine Art Notfallplan in Kraft setzen würde, wenn sie mich erstmals so sah. Oder zumindest eine andere Rhetorik bemühen würde. Stattdessen sagte sie: »Sie haben mir doch vor ein paar Monaten dieses wunderbare Video von Ihrer Tochter gezeigt. Machen Sie es doch wie Olivia. Die ist jeden Tag aufgestanden und hat nicht an morgen gedacht. Sie hat einfach mit aller Kraft gelebt.«

Beinahe habe ich mich geschämt, weil ich so nah am Aufgeben gewesen war. Nach der Sitzung versuchte ich, mich an Olivia und ihre schier endlose Kraft zu erinnern, mir etwas von ihr abzuschauen. Es hat geholfen. Seit dem Tag ist Olivia meine Zen-Lehrerin. Ich versuche nun viel öfter, den Augenblick in all seinen Facetten zu akzeptieren, egal, ob ich angekotzt, resigniert oder bester Dinge bin. Viele Stimmungen fangen in der nächsten Minute eh schon wieder von vorne an. Wie bei einem Kind eben. Ein guter Moment kann den Tag retten – und ein beschissener kann ihn natürlich auch ruinieren. Doch dazwischen gibt es unzählige Chancen auf einen Neustart.

Bei allem erkennbaren Nutzen der Therapie muss ich zugeben, dass ich immer noch gelegentlich skeptisch bin. Oft versuche ich insgeheim, rhetorische oder therapeutische Strategien von Frau F. zu erahnen, seziere ihre Syntax und Semantik, als müsste ich den Tricks einer Magierin auf die Schliche kommen. Danach habe ich ein schlechtes Gewissen, weil ich mich nicht ganz auf das Gespräch eingelassen habe. Frau F. würde vermutlich dagegenhalten, es spiele ja eigentlich keine Rolle, solange das Ergebnis positiv sei.

Am Ende unserer ersten zwölfmonatigen Therapie, also in der allerletzten Sitzung, in der sie auch das Video sah, sagte Frau F. zu mir: »Ich denke, ich kann Sie ganz gut in die nächste Zeit entlassen, Sie haben ja viele Ressourcen.«

Das gab mir natürlich zunächst eine gewisse Sicherheit – wer hätte nicht gerne viele Ressourcen, um sich seinen Problemen und seiner Trauer eigenverantwortlich zu stellen? Gleichzeitig vermutete ich jedoch sofort eine Suggestion, eine Art Hypnose: Vielleicht wollte sie mir nur einreden, ich hätte die notwendigen Ressourcen, die erforderliche Kraft, um mir selbst zu helfen. Womöglich, um keinen Therapieplatz zu besetzen, den andere dringender brauchten. (Oder weil ich Frau F. mit meinem andauernden Beziehungstalk irgendwann gelangweilt hatte.) Und natürlich erinnerte ich mich auch an meine erste Begegnung mit einer Psychologin.

Dennoch kam der Satz genau zum richtigen Zeitpunkt, egal, ob suggestiv oder nicht. Denn damals fühlte ich mich tatsächlich so, als hätte ich genügend Ressourcen. Die Bemerkung passte zu meinem Gefühl – oder erzeugte es vielleicht auch erst (Henne/Ei-Problem). Es folgten ein paar der besten Sommermonate, trotz Pandemie und nur ein Jahr nach Olivias Tod.

Verhaltenstherapie basiert auf der Annahme, dass die inneren Vorgänge eine Art Blackbox sind (siehe »Blackbox-Theorie« der Psychologie) und nicht wissenschaftlich präzise durchschaut und analysiert werden können, weshalb man sich auf die äußeren Prozesse, die Handlungen konzentriert. Das kommt meiner tendenziell ungeduldigen Persönlichkeit entgegen. Dennoch beschloss ich nach vier sehr produktiven Jahren mit Frau F., mich nicht mehr kategorisch einem tiefenpsychologischen Ansatz zu verweigern. Auch wenn es noch dauern kann, bis ich mich tatsächlich auf ihn einlasse, denn bis jetzt habe ich noch genug mit Baustellen und Teppichen zu tun.

Zuletzt noch ein kurzer Exkurs: Ganz sicher wäre ich vor fünfzehn Jahren auch nur höchst unfreiwillig zu einer Paartherapie gegangen, doch mittlerweile habe ich einige Stunden hinter mir, und das waren fast ausnahmslos sinnstiftende bis erfreuliche Erlebnisse.

Die Paartherapeutin, Coachin und Autorin Sylke Richter schreibt in ihrem Buch *Eure Liebe – Haltung, Methoden und Interventionen für die Paartherapie*:

> Das Paradoxon dieser widersprüchlichen Bedürfnisse, nach Autonomie und Freiheit bei gleichzeitiger Sehnsucht nach Verbundenheit und Geborgenheit, bringt viele Paare an die Grenzen des Machbaren.[16]

Ein Paradoxon, das ich ja bereits ausführlich mit Frau F. auf ihrem Teppich besprochen hatte. Mit meiner damaligen Partnerin besuchte ich auch Sylke Richters Praxis und fand ihre Art der Gesprächsführung frei von Paradoxa, stattdessen freundschaftlich, humorvoll und immer völlig einleuchtend. Die Notwendigkeit von Interventionen in Beziehungen war mir natürlich schon vorher bewusst gewesen (gerade weil ich sie in meiner Ehe versäumt hatte), und doch war ich beeindruckt, wie viel Klarheit anderthalb Stunden Paartherapie schaffen können, wenn auch nicht notwendigerweise Veränderung. Ich konnte vor allem auch für meine Trauerarbeit daraus sinnvolle Schlüsse ziehen.

Wir standen als Paar schon sehr früh vor Problemen, die zum Teil mit unseren eigenen Verletzlichkeiten, aber eben auch mit der Bürde zu tun hatten, sofort nach meiner Trennung und Olivias Krankheit eine neue Beziehung zu etablieren. Zunächst sträubte ich mich ein wenig gegen den Gedanken an eine Paartherapie; es erschien mir wie ein zu frühes Eingeständnis unseres Versagens als Paar, das kaum länger als anderthalb Jahre zusammen war. Doch eigentlich war genau das Gegenteil der Fall, denn dieser Schritt symbolisierte vielmehr den Willen, es miteinander zu schaffen. Es war eigentlich ein höchst romantischer Vorgang, der diese Beziehung sicher eher verlängert als verkürzt hat.

Von Anfang an merkte man der Paartherapeutin an, dass ihr unser Wohlergehen als Paar am Herzen lag. Grundsätzlich lautete unsere Aufgabe: nicht die eigenen Beschwerden loswerden, sondern versuchen, die Sorgen des anderen zu antizipieren und vor allem zu verstehen. Dafür muss man sie natürlich erst mal benennen können. Weil ich damals gezwungen war, mich in meine Partnerin hineinzuversetzen, habe ich ein paar wichtige Dinge über meine Trauer und ihre Außenwirkung gelernt. Frau Richter hat das schon in der ersten Sitzung mit einer simplen Übung erreicht: Man tauscht zunächst die Stühle, nimmt also physisch die Position des anderen ein. Dadurch sitzt man dort nicht mehr als man selbst, sondern als der eigene Partner. Dieser Trick hat bei uns beiden in Sekundenschnelle ein Umdenken in Gang gesetzt. Für ein paar Minuten konnten wir unsere eigene Agenda aus dem Kopf verbannen und uns vorstellen, was der Partner empfindet, was sie oder ihn verletzt und verunsichert. Wir trugen somit jeweils das Anliegen des anderen an die Beziehung vor, daher klang auch nichts davon wie ein Vorwurf. Das Ergebnis war erstaunlich. Im Streit sind Fronten ja meist verhärtet; man denkt, man spricht zwei völlig unterschiedliche Sprachen, man lebt auf zwei völlig unterschiedlichen Wahrnehmungsebenen. Doch im Rahmen dieser Übung konnten wir uns so präzise und vergleichsweise mühelos in den anderen hineinversetzen, dass die Distanz zwischen uns kaum noch vorhanden schien. Konnte es am Ende sein, dass wir uns eigentlich doch ganz gut verstanden?

Damals habe ich erkannt, dass die Trauer um Olivia fast so etwas wie eine unüberwindbare Mauer für eine Partnerin darstellt, denn egal, was sie unternimmt, nichts kann letztlich gut genug sein, um meinen Schmerz zu mildern. Und jede falsche Bewegung, jedes falsche Wort macht ihn noch schlimmer. Es war wichtig und heilsam, die eigene Trauer aus der Perspektive der anderen zu sehen. Zu erkennen, wie sie auch andere vor scheinbar unlösbare Aufgaben stellt. Wie sie auch andere aus der Bahn werfen kann.

Ich war kurz vor Abschluss dieses Buches bei eben jener Paartherapeutin, um im Rahmen einer Einzelstunde mit ihr über den Verlust unserer Tochter zu sprechen und darüber, wie er mich und meine Beziehungen geprägt hat. Oder sogar beschädigt. Ich war ziemlich down, aber vor allem sehr wortreich. Sie hat mir eine Weile zugehört und dann gesagt, wenn es mir helfe, könne ich die Dinge auch vereinfachen und feststellen, dass es mir gerade nicht gut gehe. Das reiche erst mal. Und dann könne ich beobachten, wie sich die Dinge ändern würden, wenn es Frühling werde.

5

Hey, wie geht's dir? – Soziale Revitalisierung

An ihrem letzten Tag fiel Olivia in ein kurzes Koma und verstarb in der folgenden Nacht ein paar Minuten nach Mitternacht in einem Kinderhospiz am Stadtrand. An dem Nachmittag, kurz bevor sie ins Hospiz verlegt wurde, habe ich irgendwann alle Leute aus dem Wohnzimmer meiner damaligen Frau geworfen, um mit Olivia ein letztes Mal alleine zu sein. Ich hab ihr über den Kopf gestreichelt, über die langen Haare, und mit ihr geredet. Habe gesagt: Es ist okay, wenn du jetzt loslässt. Habe gesagt: Wir sind glücklich, dich zu haben, aber wir kommen auch klar, wenn du gehst. Du darfst jetzt gehen. Dabei hat sich eine Träne unter ihrem Auge gebildet. Das kann auch nur Zufall gewesen sein, aber eine Ärztin aus dem Palliativ-Team hat mir danach erzählt, dass manche Komapatient:innen durchaus hören und verstehen könnten, was man zu ihnen sage. In derselben Nacht ist Olivia dann in den Armen ihrer Mama gestorben.

Ich bekam den Anruf nachts um kurz nach zwölf Uhr; ich passte zu Hause auf unseren Sohn auf und hatte schon geschlafen. Mein Klingelton klang nie lauter als in der Nacht. Dann bin ich sofort ins Hospiz gefahren. Die Autofahrt hat zwanzig Minuten gedauert, mir kamen sie vor wie eine Stunde. Ich habe währenddessen mit meinem Vater telefoniert, aber ich kann mich nicht mehr an das Gespräch erinnern. Nicht mehr an das Lied im Radio, nicht mehr an den Weg dahin. Nur daran, dass es sich endlos und qualvoll anfühlte, durch die leere Stadt zu fahren.

Es war fürchterlich, meine Frau zu sehen. Sie saß alleine auf dem Boden in der Ecke des kleinen Krankenzimmers. Bewegungslos und stumm. Olivia selbst wirkte friedlich, ihre Wangen waren sogar noch rötlich und ihre Augen leicht geöffnet, als ich in den Raum kam, ihr Blick war ganz sanft. Eine Schwester schloss sie erst, nachdem ich noch mal kurz bei ihr gesessen hatte. Ich empfand Erleichterung. Das größte Leid war ihr vermutlich erspart geblieben: eine lange, schmerzhafte Reise in den eigenen Tod mit allen kognitiven und körperlichen Verlusterscheinungen. Man hatte ihr unter anderem ein langsames Erblinden vorhergesagt.

Ihr Körper wirkte entspannt, die Haut glatt, die Augen klar, so als wäre sie zuletzt wieder aus dem Koma aufgewacht. Sie schien fast gelassen. Und ihre Mama hatte sie noch im Arm gehalten, sogar den letzten Atemzug gehört.

Der Leidensweg der Familie ist hier zu Ende, das fühlt sich alles ganz friedlich an hier in diesem Raum. So dachte ich für einen Moment. Bis ich mich wieder meiner Frau zuwandte, die auf dem Boden neben einer kleinen Lampe und einem Feuchtigkeitsspender saß und sich nicht bewegte. Lange nicht bewegte. Dann kam ein Arzt und stellte Olivias Tod fest. Eine Formalie mit einer schrecklichen Endgültigkeit. Anschließend trafen meine Mutter und meine Schwester ein, und ich war selten in meinem Leben so froh darüber gewesen, Familie zu haben.

An den Tagen danach stand ich mit meiner Umwelt in ständiger Verbindung. Ich telefonierte mit Freunden und der Familie, informierte alle, die es betraf oder die Olivia kannten, per E-Mail oder Textmessage, sprach ganz frei und geduldig immer wieder über das, was passiert war. Ich setzte mich mit meinem Nachbarn und Freund R. in den Park und erzählte ihm von diesem letzten Tag unserer Tochter. Er weinte ein kleines bisschen, verstohlen und respektvoll. Lese ich heute meine Mails von damals, stelle ich fest, dass ihnen etwas Optimistisches anhaftet, fast wie bei der Totgeburt unseres ersten Sohnes, als ich schon an den kommenden Frühling dachte. Ich schrieb zum Beispiel an einen Freund aus Nürnberg:

> Sie ist in der Zwischenzeit gestorben. Meine Freundin hat einen Garten mit vielen Beeten, Pflanzen und Blumen und einem kleinen Häuschen. Da werd ich im Sommer Zeit verbringen.

Nur zwei Tage nach der Nacht im Hospiz traf ich mich mit meinem besten Freund zum Abendessen in einem koreanischen Restaurant mit einer Holzbrücke und einem seltsamen Zierbrunnen, beides mitten im Raum. Das wirkte so surreal, ich kam mir vor wie in einer Parallelwelt, als wäre das nicht die Wirklichkeit. Als würde ich zwar noch im selben Berlin wie alle anderen leben, aber auf einer anderen Bewusstseinsebene. Selbst heute empfinde ich an manchen Tagen noch so. Ich wohne dann in einem anderen Berlin. Ich kann die Leute noch sehen, aber sie sehen mich nicht mehr. Zum Glück werden diese Tage immer seltener. Manchmal will ich aber auch kein Teil mehr dieses alten Lebens sein, manchmal wünsche ich mir nichts mehr.

Ich weiß noch, wie ich vor jenem Abendessen beim Koreaner in den Spiegel geschaut und gemerkt habe, dass ich plötzlich zehn Jahre älter aussah. Meine Haut hatte mehr Flecken, meine Haare waren jetzt vollständig grau, meine Falten unter den Augen Furchen. Ich hatte all die Jahre nicht bemerkt, wie ich älter geworden war.

Familie, Freunde und Bekannte zeigten zunächst alle ihre aufrichtige Anteilnahme, ich fühlte mich gut aufgehoben. Ich spürte wieder deutlich mehr Unterstützung als in den Jahren zuvor, in denen sich viele nicht getraut hatten, nachzufragen, wie es uns ging, aus Angst vor Hiobsbotschaften. Jetzt bekam ich zahlreiche Textnachrichten, in denen etwas stand wie: *Ich bin jederzeit für dich da, melde dich einfach.*

Natürlich klingt das zunächst tröstlich. Natürlich ist das auch ernst gemeint. Und doch entwickelte sich genau dieser Satz im Lauf der Zeit mehr und mehr zur Mogelpackung. Aus dem ursprünglichen Trost-Gefühl wurde ein Gefühl der Isolation. Der Satz wurde zur Floskel. Ich erkläre gleich, warum.

Olivias Beerdigung fand an einem Donnerstag Anfang April auf dem alten, idyllisch angelegten Friedhof in unserem Viertel statt. Es war schön, zu sehen, dass so viele Leute gekommen waren, vor allem so viele Kinder: Kinder aus ihrer Kitagruppe, Kinder aus der Klasse unseres Sohnes, Kinder von Bekannten. Es gab Luftballons mit Botschaften an Olivia, die man steigen ließ, es lief »*Roar*« von Katy Perry, Olivias Lieblingslied, und wir wurden von zahllosen Leuten umarmt an diesem ungewöhnlich warmen und sonnigen Tag im April 2019. Die große Anteilnahme war beruhigend, die vielen Arme und Hände, die uns berührten, die vielen Gespräche, die bunten Kleidungsstücke, die wir uns gewünscht hatten. Dazu kam die schön gelegene Grabstelle, umgeben von meist älteren Gräbern, aber mit reichlich Platz ringsherum. Ich hatte nicht damit gerechnet, wie gut mir der Anblick all der Leute tun würde, auch wenn ich die Beerdigung bald wieder verließ und unseren Sohn nach Hause brachte, der viel geweint hatte und einfach nur noch heimwollte.

Noch weniger hatte ich allerdings damit gerechnet, wie schnell die Kontakte zu den meisten Freunden und Bekannten kurz nach der Beerdigung abreißen würden. Vor allem die männlichen Freunde zogen sich zurück. Und schrieben: *Ich bin jederzeit für dich da, melde dich einfach.*

Natürlich bin ich mir sicher, dass mich niemand von meinen Freunden abgewiesen hätte, wäre ich mit dem Anliegen, zu reden oder uns zu treffen, an sie herangetreten. Doch schon damals hab ich mich gefragt, wann denn wohl ein geeigneter Zeitpunkt dafür wäre. In einem Moment purer Trauer, in einem Moment, in dem man verloren, vulnerabel und perspektivlos ist? Das wäre ein Moment, in dem ich jemanden brauchte. Doch genau in solchen Momenten hatte – und habe – ich nicht die Kraft, mich erst für einen meiner Freunde zu entscheiden, ihn dann anzurufen und schließlich meine Notlage zu schildern. Es überfordert mich schlicht. Dazu kommt, dass ich die Leute nicht mit meiner Misere belasten will – ich merke Menschen häufig an, wenn sie lieber über etwas ganz anderes reden möchten. Ich will niemanden vergraulen, aber vor allem am Ende auch nicht enttäuscht sein müssen, wenn die anderen nicht mit meiner Trauer umgehen können. In diesen Stimmungen, die einem Zusammenbruch nahekommen, Situationen, in denen man dringend eine Umarmung braucht oder vielleicht auch nur ein paar unbeholfene Trostworte, bin ich besonders empfindlich, und allein die Tatsache, dass jemand nicht ans Telefon geht, mich wegdrückt oder heute keine Zeit mehr hat, reißt mich noch tiefer in die Depression. Dann ist es besser, niemanden anzurufen, sich gar nicht erst der Gefahr auszusetzen, sich abgewiesen zu fühlen. Und noch nicht mal überlegen zu müssen, wer denn jetzt der richtige Adressat sein könnte. Außerdem: Wer antwortet heute noch zügig auf E-Mails oder Whatsapp-Nachrichten? Wer geht noch direkt ans Telefon? Jede verzögerte Reaktion ist in solchen Momenten zermürbend.

An »normalen« Tagen, an denen meine Trauer nicht so arg, nicht so greifbar war oder sich hinter anderen Konflikten verbarg, verspürte ich wiederum keinen ausreichenden Grund, mich bei Freunden zu melden. Ich dachte: Ich habe ja keinen konkreten Anlass, um auf das Hilfsangebot zu reagieren.

Natürlich kann man auch sagen: Wenn ich meine Bedürfnisse nicht äußere, woher sollen meine Freunde und Freundinnen ahnen, dass ich sie brauche? Wie könnten sie es mir denn recht machen, wenn ich sie nicht ausreichend instruiere, sondern nur still erwarte?

Tatsächlich gibt es eine unkomplizierte und niedrigschwellige Kommunikationsmethode. Sie dauert keine Minute und umfasst nur wenige Worte. Es ist sozusagen eine magische Formel, eine universelle Abkürzung, um jemandem wie mir Trost zu spenden.

Hey, wie geht's dir?

Am besten geäußert in einer Kurznachricht. Kein Telefonat, keine persönliche Anwesenheit notwendig.

Es sind magische Worte, weil so wenige so viel auf einmal leisten: Sie vermitteln Anteilnahme – ich weiß, jemand denkt in diesem Moment an mich, unwichtig, ob aus Pflichtbewusstsein oder echter Fürsorge, es ändert nichts daran, dass sich jemand bemüht. Gleichzeitig bringt mich dieser kurze Satz nicht in die Verlegenheit, prompt oder ausführlich reagieren zu müssen. Denn egal, ob es mir gerade gut geht oder nicht, ich habe alle Optionen, auf diese Frage zu antworten, und keinen Druck. Es ist mühelos. In der Regel habe ich immer sofort zurückgeschrieben, meistens so was wie:

Geht mal gut, mal schlechter. Ändert sich ständig.

Ich wollte nicht zu verzweifelt klingen, wollte nicht nur die fragende Person nicht beunruhigen, sondern auch mich selbst nicht. Insgesamt fühlte ich mich danach besser, weil jemand proaktiv nach meinem Wohlbefinden gefragt hatte, und auch die andere Seite fühlte sich vermutlich besser, weil ich nicht klang, als würde ich mich demnächst vor die S-Bahn werfen.

Erstaunlicherweise gab es damals nicht besonders viele dieser simplen, aber wirksamen Nachfragen, und seltener als gedacht kamen sie aus dem engeren Freundeskreis. Auch deshalb war es für mich einfacher, mich auf naheliegende Kontakte wie Freundin, Schwester oder Ex-Frau zu konzentrieren, statt ständig den Status quo diverser Freundschaften zu hinterfragen oder gar eine Art Kommunikationsstrategie zu entwickeln. So reduzierte sich mein Freundeskreis schleichend von Jahr zu Jahr, selbst wenn er das vielleicht gar nicht so wahrgenommen oder verstanden hat. Denn man hatte ja geschrieben: *Melde dich einfach.*

Natürlich lamentieren Freundinnen und Freunde ausführlich über ihre Probleme und Sorgen in Alltag, Familie und Beruf. Meistens höre ich mir das geduldig und interessiert an, dazu sind Freunde ja auch da. Nur manchmal hätte ich sie damals gerne angeschrien, dass das nicht mehr meine Realität ist und ich nichts von ihren *Problemchen* wissen will. Ich hab es nicht getan, denn ich wusste ja: Im Grunde betrachtet jeder Mensch seine akuten Probleme als existenziell, und Gespräche darüber können ein fairer Austausch sein, egal, ob der eine etwas objektiv viel Schlimmeres durchlebt hat als der andere. Vielleicht ist es sogar ehrlicher, keine Empathie zu simulieren, wenn man sie eh nicht wirklich fühlt, wenn zum Beispiel ein Todesfall das eigene Fassungsvermögen übersteigt. Sicher ist auch: Trauernde wollen nicht vor jeder Anekdote die Präambel »Ich weiß, du hast ganz andere Dinge durchgemacht« hören.

Letztlich sind Gespräche mit manchen Freund:innen schwieriger geworden. Bestimmte Themen, bevorzugt rund um Kinder, lösen schmerzhafte Assoziationen in mir aus, für die ich mich dann schäme und die ich nicht anspreche. Denn warum sollte mein Gegenüber nicht von seiner Tochter und ihren Ballettstunden erzählen dürfen?

Es gibt einen Freund, der mir gestanden hat, dass ihn der Krebs und Tod Olivias an die Krankheit und den Tod seiner Mutter vor vielen Jahren erinnert hätten und er sich nicht zu sehr mit dieser Problematik habe auseinandersetzen wollen – eine verständliche Reaktion. Ich gehe stark davon aus, dass die Beschäftigung mit Themen wie Krankheit, Krebs und Tod den meisten Leuten ziemlich unangenehm ist und sie an ihre eigene Fragilität sowie die ihrer Familien erinnert, sodass sie sich – mal bewusst, mal unbewusst – davon fernhalten. Dann wiederum: Wer hat behauptet, dass das Trostspenden einfach sei? Dass es nicht auch eigene Ängste schüre? Es ist dennoch häufig einfacher, als man denkt.

Hey, wie geht's dir?

Solch ein einschneidendes Ereignis kann aber auch Freundschaften verstärken und zudem im Freundeskreis die Spreu vom Weizen trennen. Es muss nicht immer einer Resignation gleichen, wenn man sich von alten Freund:innen löst. Bei manchen war die Haltbarkeit ohnehin abgelaufen, und die langen Kommunikationspausen nach dem Verlust haben das einfach nur in den Vordergrund gerückt. Manche Verbindungen können sich auch wieder erholen. Andere haben ihre beste Zeit hinter sich.

Dennoch birgt der enttäuschte Rückzug aus Freundeskreisen die Gefahr der sozialen Isolation. Ich konzentrierte mich in Krisenzeiten naturgemäß auf meine Partnerin und die unmittelbare

Familie. Das erschien mir verlässlicher als Freundschaften. Daher wurde mir auch erst in dem Moment richtig bewusst, wie wenig sozial eingebunden ich noch war, als meine Freundin und ich uns trennten. Plötzlich klafften immense Löcher in meinem Kalender, in meinen Tagen und Abenden. Wollte ich einfach nur im Sommer abends draußen sitzen oder essen gehen, musste ich das alleine tun. Da war kaum mehr genug Infrastruktur vorhanden, um sich mit jemandem zu verabreden.

Tagsüber war ich zwar beruflich gut beschäftigt als Autor, Übersetzer und Podcast-Mensch, aber zum ersten Mal seit vielen Jahren wünschte ich mir einen physischen Arbeitsplatz und physische Arbeitskollegen zurück. Als Freiberufler pflegte ich schon lange vor der Pandemie und dem Homeoffice-Boom ein eher solitäres Berufsleben; es konnte durchaus vorkommen, dass ich monatelang niemanden aus meinem beruflichen Umfeld persönlich traf. Alles, was blieb, waren die »holografischen« Meetings. Das war lange in meinem Sinne, aber plötzlich war ich unzufrieden mit diesem Zustand, deshalb legte ich mir einen Plan zurecht, um Menschen zu treffen:

a) Melde dich bei Dating-Apps an.
b) Triff Freunde (egal, ob sie sich von sich aus melden oder nicht).
c) Geh zur Not auch alleine auf Konzerte, ins Theater, ins Café oder ins Freibad.

Meine Dating-App-Initiative kann ich nicht mit gutem Gewissen als hilfreich gegen Trauer empfehlen. Die positiven Aspekte daran waren zunächst nicht mehr als ein Nebeneffekt. Ein bisschen Ablenkung, ein bisschen Kick, wenn es zu Dates kam. Doch zuallererst wurde mir beinahe schockartig bewusst, dass ich im

Prinzip fast fünfzehn Jahre ununterbrochen in Beziehungen verbracht und gar nicht mehr damit gerechnet hatte, jemals wieder Single zu sein. Naiv, ich weiß. Zur Zeit meiner letzten Dates hatte es noch gar keine Dating-Apps gegeben. Ich kam mir vor, als hätte ich einen hundertjährigen »kryogenischen Hyperschlaf« hinter mir. Ich musste mich also erst mal nicht nur in eine neue Technologie hineindenken, sondern mir auch eine neue Dating-Lingo, neue Verhaltensmuster und vor allem eins zulegen: ein sehr dickes Fell. Denn die Anzahl meiner Matches war spärlich, die Anzahl der Chats noch spärlicher, und die Dates befanden sich dann gänzlich am unteren Ende der Häufigkeitsskala. Das scheint natürlich ein eher heteronormatives und speziell männliches Problem zu sein; aufbauend war es trotzdem nicht. Sicher hat mein Alter etwas damit zu tun, und garantiert überschätze ich bis heute meinen Marktwert, aber ich nahm dennoch eine große Diskrepanz zwischen Realität und App-Realität wahr. Die meiste Zeit fühlte sich Online-Dating für mich wie ein uncrackbarer Code an. Wenn ich ihn dann doch einmal kurz knacken konnte, waren die darauffolgenden Verabredungen in der Regel von erfreulichen Gesprächen und gegenseitigem Wohlwollen geprägt. Allerdings fungierten sie meist nur als weiterer Reminder – als Verweis darauf, an welch seltsamem Punkt im Leben ich mich befand, auf ein Leben vor Tod und Trennungen, das mir nicht mehr zugänglich war. Dennoch habe ich eine Menge aus meinen Dates gelernt. Ich weiß jetzt mehr über Hundewelpen, CrossFit, neurologische Notaufnahmen und 24-Stunden-BDSM-Rollenspiele. Zumindest in der Theorie.

Zurück zu den Freundschaften. Trotz meines schwindenden Freundeskreises und der daraus entstehenden Notwendigkeit, bei alten Freunden wieder initiativ zu werden, hegte ich gegenüber manchen Freundschaften eine neue Skepsis. War es wirklich an mir, sie zu kontaktieren? Sollte das in dieser Situation nicht umgekehrt sein? Sollte man nicht eigentlich *mich* als Freund zurückgewinnen? Aber klar, enttäuschte Erwartungen oder gar Verbitterung waren keine guten Voraussetzungen für einen Relaunch der Freundschaften. Und ich dachte auch an das englische Sprichwort »*beggars can't be choosers*«. Das hieß: So richtig aussuchen konnte ich es mir eh nicht, wollte ich nicht mühsame Jahre damit verbringen, mir vollkommen neue Freunde zu suchen. Also kontaktierte ich drauflos. Selbst wenn die Kontaktaufnahme gelegentlich meine Kräfte überstieg. Nach einer langen Phase der Nichtkommunikation bestand ja dann doch ein gewisser Erklärungsbedarf, gerade gegenüber Freunden und Freundinnen, die man länger nicht gesehen oder gehört hatte. Noch heute muss ich oft zu Beginn von Gesprächen erzählen: Ich bin inzwischen geschieden, und meine Tochter ist gestorben. Dazu ist man nicht immer in der passenden Tagesform.

Daher ließ ich mich irgendwann nur noch von meinen Gefühlen leiten. Wessen Gesellschaft empfand ich als angenehm, unabhängig davon, ob er oder sie sich in den letzten Jahren ausreichend gemeldet hatte? Ich begann, Messages an verschiedenste Leute zu schreiben, und wartete darauf, dass etwas zurückkam. Die Rückmeldungen waren in der Regel positiv, im schlimmsten Fall ein bisschen unverbindlich, aber ich habe den meisten einfach feste Termine und Treffpunkte aufgedrückt und mich, wenn das gut lief, danach wieder regelmäßiger mit ihnen getroffen. Meistens habe ich mir meine Disposition als Trauernder nicht groß anmerken lassen. Ich war und bin sicher nicht mehr ganz so laut und albern wie früher, bin aber auch kein soziophober und langweiliger Introvertierter geworden. Oft habe ich explizit über Olivias Tod gesprochen, wenn mir danach war.

Egal, ob das Gegenüber »bereit« dazu war oder nicht. Es gab und gibt ja auch keine richtige oder falsche Reaktion darauf.

Ich habe mir schlicht herausgenommen, es zu sagen, wenn mich ein Lied, ein Geruch, ein anderes Kind oder auch nur das Wetter an Olivia erinnert hat. Mir herausgenommen, den Leuten von ihrem letzten Tag zu erzählen, von den Qualen der Chemotherapie, von meinen lebensmüden Gedanken und beschissenen Tagen. Ich habe mir beigebracht, dass es nicht mein Problem ist, wenn die Leute mit meiner Geschichte überfordert sind. Tatsächlich ist es für mich mittlerweile auch völlig okay, wenn jemand nicht weiß, wie sie oder er darauf reagieren soll. Schweigen, vorsichtiger Themenwechsel, tröstende Worte, unbeholfenes Schulterzucken – alles darf sein. Das sind ja plausible Reaktionen. Alles ist besser als keine Reaktion. Verstört hat mich lediglich, wenn Leute, die Olivia gar nicht gekannt haben, dann selbst angefangen haben zu weinen. Kurz nach der Beerdigung besuchte mich zum Beispiel eine Freundin; sie hatte eine Flasche Wein dabei, die sie vollkommen alleine ausgetrunken hat. Geweint hat ebenfalls nur sie, und am Ende hatte ich nicht das Gefühl, es gehe noch um Olivia. Ich schmeiße sonst nie jemanden aus meiner Wohnung …

Es ist mir anfangs nicht ganz leicht gefallen, aber irgendwann bin ich auch wieder zu Konzerten, Lesungen oder ins Theater gegangen, selbst wenn es mich eigentlich nicht besonders interessiert hat. Trotz der Überwindung, gerade in den kalten und dunklen Monaten das Haus zu verlassen, die manchmal übermenschliche Kräfte zu erfordern schien, hab ich es nie bereut, rausgegangen zu sein. So fremd ich mich auch oft unter Leuten fühlte: Es hatte etwas Beruhigendes, wie unbeeindruckt von meinen Problemen das Leben da draußen weiterging. Und sobald ich meine Haustür von außen zugezogen hatte, war ich auch einigermaßen präsentabel gelaunt – das war eine Art Automatismus, den ich sehr praktisch fand. Natürlich war ich nicht mehr derjenige, den man anrief, wenn man feiern gehen wollte, aber ich blieb weiterhin ein aufmerksamer und jederzeit ansprechbarer Ausgehpartner.

Es fällt mir nicht leicht, mit meiner Mutter über Olivia zu reden. Weil sie das in tiefe Traurigkeit versetzt, was mir wiederum leidtut. Weil es mir sogar ein schlechtes Gewissen macht. Vielleicht hab ich ihr mit so viel Tragödie das letzte Lebensdrittel versaut. Dabei will ich doch, dass sie es gut und freudig hat. Meine Mutter sagt, auch ihr fehlten häufig die passenden Gesprächspartner:innen, wenn sie über ihre verstorbene Enkelin sprechen, ihre Trauer und Erinnerungen teilen wolle. Wenn sie so etwas sagt, bin ich selbst in dem Moment überfordert und kann etwas besser nachvollziehen, wie sich Menschen fühlen, die mit mir über meine Trauer sprechen. Dann erstarre ich ein kleines bisschen, statt sie einfach mal in den Arm zu nehmen. Oder mich gemeinsam mit ihr zu erinnern.

Ich hingegen würde gerne öfter mit meinem Sohn über seine Schwester reden und gebe ihm hin und wieder auch die Chance dazu, doch an den meisten Tagen merke ich, dass ich damit eher Unbehagen auslöse. Merke, wie er sich windet, wenn ich ihn alleine auf den Friedhof zum Gießen schicke oder er schnell zum Thema »*Gaming*« wechselt, wenn ich ihn frage, ob er sie vermisse. Neulich, an ihrem vierten Todestag, waren wir am Grab, und ich fragte ihn, wie er ihren letzten Tag erlebt habe. Er antwortete nur zögerlich, aber letztendlich erfuhr ich doch ein bisschen mehr darüber, wie es für ihn gewesen war, Olivia ein letztes Mal im Hospiz zu sehen. Ich denke, das war für uns beide ein guter Schritt, auch wenn ich ihn jetzt wieder eine Weile mit dem Thema in Ruhe lassen werde.

Aber auch das steht stellvertretend für ein generelles Phänomen: Ich kann weder anderen meine Trauerarbeit aufzwingen noch eine Art Deckungsgleichheit der Gefühle erwarten. Am Ende bleibt es ein ständiges Abwägen, mit wem und in welchem Maß man seine Trauer teilt. Dauerhafte Rücksicht erwarte ich von niemandem. Ich will auch kein Dauerpatient sein, ich möchte als voll einsatzfähig gelten. Als alltagstauglich. Obwohl ich es nicht immer bin. Oft reiße ich mich unnötig vor anderen zusammen. Manchmal wäre es besser, alles abzusagen, und an anderen Tagen ist der Akt des Sich-Zusammenreißens genau das, was mich den Leuten wieder näherbringt. Es ist eben ein ständiges Abwägen.

Um ganz ehrlich zu sein: Mir ist auch heute noch weniger nach Gesellschaft zumute als früher. Mich mit Menschen zu treffen, ist oftmals eine Überwindung – ein Termin, den man wahrnimmt, weil er nun mal im Kalender steht. Und doch ist meine Erfahrung, dass die tatsächlichen Treffen dann fast ausnahmslos erfreuliche Begegnungen sind. Ich muss mich disziplinieren, um im Menschen-Game zu bleiben. Was ich hier als soziale Reaktivierung beschreibe, ist ein Schutzmechanismus gegen die Einsamkeit. Eine Absicherung gegen die soziale Verödung. Ein Training. Arbeit. Deshalb verabrede ich mich meistens schon Ende der Woche mit mindestens zwei Menschen für die folgende Woche. Damit ich einen Plan habe. Am Rückzug per se ist dennoch nichts falsch. Es bleibt eine Mentalitätssache. Ich könnte mir vorstellen, dass gerade sozial über die Maßen aktiven Leuten eine gewisse Ruhe und Selbstbesinnung sehr gut tut. Für eine Weile. Ich erkenne nur bei mir selbst die Gefahr, dass der bequemere

Weg wäre, sich zu isolieren und dann wiederum darunter zu leiden. Ich kann aber auch mit einem gewissen Stolz behaupten, dass ich mir nach fast fünfzehn Jahren, in denen ich durchgehend in Beziehungen war, jetzt eine Basis geschaffen habe, auf der ich gerne alleine und selbstbestimmt, aber dennoch sozial aktiv bin. Ich habe nicht mehr so viel Angst vorm Alleinsein.

Eine weitere Möglichkeit, sich neu zu orientieren und für neue Bekanntschaften zu öffnen, ist das Reisen. Mir wurde nach den Ereignissen der letzten Jahre immer wieder mal empfohlen, kürzere oder längere Auslandsreisen zu unternehmen. Oder wenigstens einen ausgiebigen Urlaub. Ein Konzept, für das ich grundsätzlich aufgeschlossen bin. Allerdings muss ich beinahe schon vor jeder Zugfahrt gründlich überprüfen, ob ich emotional bereit dafür bin. Gerade alleine zu verreisen, mag für manche das Größte sein und hat garantiert häufig kathartische Wirkung, doch es betont natürlich auch den Aspekt des Alleinseins. Dafür fühle ich mich manchmal noch nicht bereit. Und natürlich bin ich nach langen Beziehungen und Corona-Jahren auch nicht gerade geübt im Alleinreisen.

Doch es waren nicht nur die physischen Reisen, in deren Verlauf ich mich unter neue Leute begeben habe. Kurz vor Olivias Tod und noch viele Wochen danach steckte ich mitten in der Produktion eines Podcasts mit dem Titel *Verdammte Erleuchtung*, in dem ich mit meinem Freund und Kollegen Rüdiger Rudolph esoterische und spirituelle Konzepte am eigenen Leib getestet und darüber berichtet habe. Die Zeit war so chaotisch, im Nachhinein kann ich mich wohl nur deshalb an Einzelheiten erinnern, weil das Ganze als Podcast existiert.

Für das Projekt musste ich mich trotz der schwierigen privaten Situation offen, kommunikationsfreudig und emotional zugänglich geben und mich auf neue spirituelle Konzepte, Praktiken und die dazugehörigen Gesprächspartner einlassen. Alles fing mit einer schamanischen Krafttierreise an. Die Schamanin und Heilpraktikerin, die wir im Internet gefunden hatten, versetzte uns mittels Trommeln und Sprache in eine Art sanfte Trance, und wir sollten uns einen Ortswechsel vorstellen, durften uns ausmalen, in welche Himmelsrichtung, in welche Art von Landschaft, in welche Region wir gehen wollten. Ich entschied mich instinktiv für marsartiges Ödland. In dieser selbstgewählten Landschaft würden wir nun unserem Krafttier begegnen. Und während Rüdiger in der eisigen Tundra auf einen Wolf traf, kam mir in meiner Fantasie ein Hirsch entgegen. Er blieb stehen, und ich durfte ihn am Hals kraulen. Dann gab er mir in seiner jahrtausendealten Weisheit einen Tipp. »Bleib ruhig«, sagte er und schaute mich dabei mit seinen schwarzen Hirschpupillen gelassen an.

Ja, ich weiß, das klingt nach Hirngespinst, und ich war selbst erstaunt, wie einfach ich mich darauf einlassen konnte, diese Szene zu imaginieren. Wie einfach ich meinen Widerstand gegen diese Krafttierreise aufgeben konnte, obwohl ich das Konzept noch einen Tag zuvor eher albern gefunden hatte.

Ein paar Wochen später machten wir einen letzten größeren Ausflug mit Olivia, bevor sie erneut operiert wurde. In einem Zoo und Freizeitzentrum nicht weit außerhalb Berlins lag ein Hirsch vor seiner Futterhütte, der dem meiner Krafttierreise verblüffend ähnelte. Ich hatte beinahe das Gefühl, dass wir uns wiedertrafen und er noch mal bekräftigen wollte: »Bleib ruhig. Bewahr die Ruhe.« Es war vielleicht der beste Rat, den mir jemals jemand gegeben hat. Vor allem für die chaotischen und furchtbaren Wochen, die folgen sollten.

Unsere spirituelle Reise war mit dem Besuch bei der Schamanin noch längst nicht zu Ende. Wir nahmen an einer intensiven Qigong-Stunde teil, ich meldete mich zum Waldbaden an, machte eine Theta-Healing-Sitzung[17] mit, bekam eine Einführung ins Tarotkarten-Legen und besuchte eine Kuschelparty. Und das alles in einer Phase großer Konfusion, in der ich mich innerlich nach Rückzug sehnte und dennoch am Ende froh war, mich selbst zu diesen neuen und mitunter auch skurrilen Eindrücken gezwungen zu haben.

Auch deshalb sagte ich zu, als eine Freundin mir den Besuch eines Taizé-Gottesdienstes im Berliner Dom anbot. Er fand circa zwei Monate nach der Beerdigung statt, in einer der ersten und wenigen Berliner Sommernächte, in denen es erst sehr spät dunkel und kaum kälter wird.

Der Begriff »Taizé« stammt aus Frankreich. Im gleichnamigen Ort im Osten des Landes existiert die *Communauté de Taizé*, ein ökumenischer Männerorden, dessen meditative und mantraartige Gebetslieder in ihrer Eingängigkeit und Melancholie fast an Popsongs erinnern. In der majestätischen Ruhe des Berliner Doms in jener Sommernacht konnten mich diese Gesänge damals ungemein beruhigen. Nach anfänglichem Zögern habe ich mitgesungen und darüber bald Zeit und Raum vergessen. Auch, was ich da überhaupt sang – Texte wie »Meine Hoffnung und meine Freude, meine Stärke, mein Licht: Christus meine Zuversicht«, und das teilweise in drei Sprachen. Dazu sollte man wissen, dass ich mit Anfang zwanzig aus der Kirche ausgetreten bin und nicht nur ihr, sondern Religion generell eher kritisch gegenüberstehe.

Irgendwann fiel mein Blick auf die hohen und breiten Kirchenfenster. Von draußen fiel ein intensives Dunkelblau in den Dom, mit dem die Nacht ziemlich verspätet den Tag ablöste. Dieses Blau hat zusammen mit den Mantras und der Musik eine

Versenkung bewirkt, die ich bis heute – aus Mangel an besseren Begriffen – nur als »Erkenntnis-« oder »Erweckungserlebnis« beschreiben kann. Dazu passt der Radiohead-Song »*Everything in Its Right Place*«: Alles ist da, wo es hingehört. Genau so hat sich das Ganze angefühlt. Alles ist da, wo es sein soll, und alles kann auch in diesem Moment da gelassen werden. Alles ist *in Ordnung*. Für Bruchteile von Sekunden dachte ich an tausend Dinge gleichzeitig, doch das hat mich nicht gestresst. Im Gegenteil. Ich konnte plötzlich verstehen, warum alles so war, wie es war. Hatte das Gefühl, nichts verändern zu müssen, alles so lassen zu können. Das Gefühl, nicht urteilen zu müssen. Es war sicher einer der besten Momente meines Lebens. Und das während eines Gottesdienstes – was für ein *plot twist*. Das alles hat sicher nicht länger als eine halbe Minute gedauert, zusammengehalten vom Nachtblau hinter den großen Domfenstern, dem Kerzenlicht und den Taizé-Gesängen, aber es wäre auch überfordernd gewesen, hätte es länger angehalten.

Jetzt darf man sich natürlich fragen, was dieses Erlebnis in einem Kapitel über soziale Reaktivierung zu suchen hat, doch darauf habe ich eine Antwort: Dieser wichtige Moment des Innehaltens und der kompletten Beruhigung wäre nie möglich gewesen ohne meine Bereitschaft, mich neuen Dingen auszusetzen. Ohne den Willen, aus dem Haus zu gehen, mich auszuprobieren und meine Zeit mit anderen Menschen und deren Interessen zu teilen. Gegen meinen eigenen Widerstand. Gegen mein Empfinden, dass mir eigentlich jetzt Ruhe und Trost zustünden. Dass ich viel Aufmerksamkeit von Freundinnen und Freunden, viel Liebe verdient hätte. Ich musste mir all das selbst besorgen, die Interaktion, das Feedback, die Zuneigung. Ich musste lernen, anderen mit Wohlwollen und Offenheit zu begegnen, die Dinge nicht nur aus meiner trauernden Perspektive zu sehen. Ich hab mir dazu ein Schild gemalt und im Wohnzimmer an die Wand geheftet. Darauf steht: »*BE GENEROUS*«. Sei großzügig.

Im letzten Jahr hab ich über ein Ehrenamt eine Weile einem syrischen Jungen und seiner Familie bei Kleinigkeiten geholfen, wenn es etwa darum ging, den Jungen zum Fußballtraining zu bringen, mit ihm zu spielen oder ein paar Deutsch-Aufgaben zu bearbeiten. Die Gespräche mit ihm und seinen vier wunderbaren Schwestern wie auch die Flucht-Geschichte seines Vaters haben mir noch mal deutlich gezeigt, wie überlebenswichtig Strukturen wie Familie und Freundschaften sind, mich aber auch daran erinnert, wie flüchtig die Zeit mit unseren Kindern und Freunden sein kann. Ich bin sehr dankbar für diese Begegnung. Eigentlich war das Ziel, dass die Familie von mir lernte, besser Deutsch zu sprechen, aber vermutlich hab ich am Ende sogar mehr von ihnen gelernt. Etwa über Zusammenhalt, über Automatismen, die das eigene Überleben unter widrigen Umständen sichern – und wie erschütternd unverständlich Behördendeutsch sein kann. Nach einem Jahr endete unsere Partnerschaft in beiderseitigem Einverständnis: Wir fanden immer weniger Zeit füreinander, und es fiel mir auch gelegentlich sehr schwer, mich mit den Kindern dort zu beschäftigen, wenn mein eigener Sohn mich brauchte oder weil ich durch den Besuch bei der Familie, die Töchter in Olivias Alter hatte, permanent an sie erinnert wurde. Manchmal schreibe ich dem Vater noch eine Textnachricht und frage, wie es ihnen allen geht. Und sicher werde ich irgendwann wieder ein Ehrenamt aufnehmen.

6

Enjoy the Journey: Sport und Fitness

Ich bin alles andere als ein Sportlehrer. Ich würde mich noch nicht einmal als »Sportler« bezeichnen. Dass ich einen Teil dieses Buches dem Thema »Fitness« widme, gehört für mich jetzt schon zu den großen Überraschungen in meinem Leben.

Trauer bedeutet Stress, und diesen Stress wollte ich abbauen, also – oberflächlich gesehen – einfach den Cortisolspiegel senken. Allerdings bedeutet Trauer immer auch Kontrollverlust. Doch könne Sport von den eigenen Ohnmachtsgefühlen ablenken, wie der Tiefenpsychologe Andreas Ritzenhoff in einem Interview[18] mit der Online-Ausgabe der *Nordwest-Zeitung* sagt. Ich erlebe mich beim Sport selbst in miesen Zeiten als handlungsfähig und selbstwirksam. Zudem hat meine körperliche Fitness geholfen, dem permanenten mentalen Druck standzuhalten und eben nicht krank zu werden, wenn ich gebraucht wurde, ja überhaupt resistenter zu werden.

Sport ist ein Stimmungsaufheller, da der Körper dabei die sogenannten Glückshormone wie Endorphine und Serotonin ausschüttet. Ich will dennoch keine Sportpropaganda machen. Wer lieber nur spazieren geht, erzielt vermutlich einen ähnlichen Effekt. Es gibt die griechische Tradition des Trauertanzes, es gibt Angebote wie Trauerwanderungen, Yoga für Trauernde oder Erholungswochenenden für Trauernde in den Tiroler Alpen. Letztlich läuft alles auf Aktion, Bewegung hinaus. Auf die Zurückgewinnung der Deutungshoheit über das eigene Leben. Da dieses Buch eine Odyssee durch meine Trauerjahre illustriert, will ich gerne auch abbilden, wie wichtig Sport für mich auf dieser Reise war. Ich würde sogar sagen, er war überlebenswichtig.

Ich war auch vor Olivias Krankheit nicht unsportlich. In meiner Jugend hatte ich Fußball und Tennis gespielt und auch Volley- und Basketball einiges abgewinnen können. Außerdem fuhr ich immer schon relativ viel Fahrrad. Doch kurz nach Vincents Totgeburt erlitt ich einen doppelten Bandscheibenschaden und war ein Jahr lang nur unter Ibuprofen ansprechbar. In jenem Jahr lernte ich zwangsweise, meine Rückenmuskulatur durch stete Übungen zu stärken, statt wie bis dahin unmotiviert und unaufgewärmt ein paar Hanteln zu stemmen, in losen Intervallen in falschen Schuhen laufen zu gehen oder ohne Training ein 60-minütiges Fußballspiel auf dem Bolzplatz zu absolvieren. Durch die Rückenübungen brachte ich die wichtigste aller Fitness-Komponenten in mein Leben: die Regelmäßigkeit.

In den Jahren nach dem Bandscheibenvorfall habe ich mich weitergebildet. Mithilfe eines konsequenten (sprich: autoritären) Orthopäden, meiner wunderbar gesprächigen Physiotherapeutin und meiner dominanten Yogalehrerin lernte ich meinen Körper und seine Zusammenhänge erst richtig kennen. Fand heraus, wie unorthodox ich mich bisher bewegt hatte, wie falsch ich saß, wie seltsam ich lief, stand und schlief. Ich war ein einziges orthopädisches Defizit.

Meinen Widerstand gegen täglichen Sport hat meine Yogalehrerin gebrochen, eine streng wirkende ältere französische

Frau, die den Titel »Lehrerin« wirklich verdient hat. Nennen wir sie Claire. Zunächst besuchte ich auf Anregung meiner Schwester einen von Claires Yogakursen in meinem Viertel. Das war etwa zwei Monate nach meinem ersten Bandscheibenvorfall. Schon nach wenigen Minuten gab sie es auf, mich zu korrigieren. Zwanzig Minuten später ließ sie mich wissen, dass ich ein hoffnungsloser Fall sei, und trug mir nur noch Übungen auf, die auch für Kleinkinder infrage gekommen wären. Nach dieser demütigenden ersten Yogastunde meines Lebens kam das Gespräch auf meinen Bandscheibenvorfall in den unteren Rückenwirbeln, und plötzlich war Claires Interesse (und Helfersyndrom) geweckt. Sie meinte, das kenne sie aus eigener Erfahrung, da könne sie mir helfen – ich solle doch am Dienstagmorgen für eine Privatstunde zu ihr in die Wohnung kommen. Was ein bisschen wie der Anfang einer »Romcom« klingt, stellte sich schnell als echte Challenge heraus. Denn sobald ich in der Westberliner Altbauwohnung von Claire, die eher einer Bibliothek als einer Wohnung glich, angekommen war, wurde hart gearbeitet. Unsere Kommunikation beschränkte sich auf das Hallo-Sagen und ein paar wenige Anweisungen; ansonsten war ich ausschließlich auf meinen Körper konzentriert und auf Übungen, die ich ihm bis dahin nicht zugetraut hätte. Anfangs war ich überfordert von den Dehnungsschmerzen und Claires Kommandoton und enttäuscht von meinem begrenzten Bewegungsspielraum, doch schon bald stellte sich eine Besserung ein. Denn Claire war mit ihrer Interpretation des Iyengar-Yoga[19] auf einer Mission: Ich bringe diesen unbeweglichen deutschen Mann dazu, dass er a) keine Schmerzen mehr hat und sich b) auch in Zukunft so bewegt, dass er keine mehr bekommt. Das war eine ambitionierte Zielsetzung und nicht auf ganzer Linie erfolgreich, aber alleine die Tatsache, dass sich jemand meiner so detailliert annahm in dieser belastenden Zeit, hat mir wahnsinnig gut getan. Denn auch wenn es oberflächlich um meine Rückenmuskulatur und meine verkrampfte Haltung ging, handelte es sich in Wirklichkeit ebenso um Trost und Zuwendung. Claire hat mich gewissermaßen mit ihrem Yoga-Regiment jeden Dienstag eine Stunde lang im übertragenen Sinn in den Arm genommen und gesagt: *Dir geht's bald besser.* Und spätestens am Ende der kraftraubenden Sitzung, wenn sie mir eine Decke gab und ich für ein paar Minuten mit geschlossenen Augen auf dem Boden liegen konnte, habe ich ihr das geglaubt.

Circa ein Jahr nach unserer letzten Stunde habe ich ihr mal geschrieben, dass mir der Einzelunterricht sehr geholfen habe und ich immer noch jeden Tag zwanzig Minuten lang brav meine Übungen machte. Ihre Antwort bringt mich heute noch zum Lachen, weil ich sie mir in ihrer resoluten Stimme mit ihrem französischen Akzent vorstelle, wie sie dabei ihren kurzen Pagenkopf so halb empört schüttelt:

> Ich freue mich umso mehr über deine Mail, da ich es nicht erwartet hatte!!! Dass du es schaffst zu üben, ist das Beste, was du machen kannst, wenn du eine positive Wirkung von den Yogaübungen bekommen willst, also weiter!!

Es war der Beginn täglicher Work-outs – das ist jetzt fünfzehn Jahre her. Mein zweiter Bandscheibenvorfall ereignete sich im Gegensatz zum ersten nicht *nach* einer Katastrophe, sondern kurz vorher. Olivia war anderthalb Jahre alt, sie war laut und ständig krank, und wir Eltern waren überfordert mit zwei Kindern und unserer Ehe. Zudem empfand ich die Stimmung in Berlin als zunehmend unangenehm. Es war 2016, das Jahr nach der ersten großen Geflüchtetenkrise. Plötzlich musste man sich eingestehen, dass es weniger gesellschaftlichen Konsens gab, als man immer angenommen hatte. Überall schien sich der Ton zu verschärfen: zwischen Autofahrern, Radfahrern und Fußgängern, in den Zeitungen und Essays, auf Facebook und Twitter, zwischen mir und meiner Frau. Als hätte jemand den Brunnen vergiftet. Gleichzeitig fingen die Leute um uns herum an, ihre zweiten und dritten Kinder zu bekommen, Eigentumswohnungen, Seegrundstücke und neue Autos zu kaufen oder Geld in Aktienfonds anzulegen. Dazu kam: Im Jahr zuvor hatte unser Sohn ein paar Monate lang mit seltsamen Kopfschmerzen zu kämpfen gehabt und durchlief eine Reihe von Untersuchungen. Letztlich waren es wohl nur Wachstumsschmerzen gewesen oder die Sorgen über den drohenden Umbruch, die anstehende Geburt einer Schwester. Wir waren also alle auf die ein oder andere Weise beunruhigt, und ich hatte für mich das Gefühl, bald würde etwas Schlimmes passieren.

Ziemlich genau einen Monat vor Olivias Krebsdiagnose hatte ich einen Streit mit meiner Frau. Noch am selben Abend verspürte ich einen stechenden Schmerz im unteren Rücken. In den folgenden Wochen lag ich auf dem Sofa oder bewegte mich mit einem Gehstock voran, denn die erneut gesprungenen Bandscheiben quälten meinen Ischiasnerv wieder genauso arg wie acht Jahre zuvor. Bis ich mich einem MRT-gestützten Minimaleingriff unterzog. Erst danach konnte ich wieder mit meinen Kindern baden gehen.

Ich erinnere mich, wie ich abends vom Abschlussfest der Kita meines Sohnes – irgendwo im Umland an einem See – nach Hause gefahren bin, nur Olivia auf dem Rücksitz, der Rest der Familie war am See geblieben. Wir nahmen nicht die Autobahn, sondern die kleinen Straßen, die Stadt baute sich stückweise immer weiter vor uns auf, während die Sonne unterging. Am

Anfang der Fahrt haben wir noch zusammen gesungen, dann ist sie im Kindersitz eingeschlafen. In der Woche darauf fing sie an, sich morgens zu übergeben, und eine Woche später lag sie schon auf der Kinderintensivstation mit einem lebensgefährlichen Hirndruck.

Ich wusste, dass ich ab sofort noch mehr auf mich und meine Physis aufpassen musste, um die kommenden Monate und Jahre zumindest körperlich heil zu überstehen. Wenn mich also manchmal Leute fragen, wie ich so viel Disziplin für Sport und Ernährung hätte aufbringen können und nach wie vor aufbrächte: Hier liegt ein großer Teil der Antwort. Die Angst davor, mich nicht ausreichend um die Kinder kümmern zu können, sorgte reflexartig dafür, dass ich innerhalb weniger Monate deutlich fitter wurde. Man könnte also sagen, dass der zweite Bandscheibenvorfall im Gegensatz zum ersten nicht die Folge einer Krise war, sondern mich auf die kommende Krise vorbereitete. Trotz zahlreicher Nächte auf Stühlen auf der Kinderintensivstation, trotz der andauernden Anspannung war auf meinen Rücken plötzlich Verlass.

Nach der Trennung von meiner Frau kam ich relativ bald mit meiner neuen Freundin zusammen, die großen Wert auf Sport legte und mir zwar attestierte, mein Körper sei für mein Alter »ganz okay«, aber auch monierte, dass ich in all meinen Übungen unpräzise sei. Ich fühlte mich herausgefordert und fing an, richtig Sport zu treiben, mehr als nur Rückenübungen. Ich begleitete sie in ein Fitnessstudio, wir absolvierten zusammen Work-outs via Youtube und gingen laufen. Damals begann ich, jeden Tag eine halbe Stunde lang konzentriert zu trainieren und einmal in der Woche länger. Nur am Samstag war Ruhetag.

Ich gebe zu, bis heute freue ich mich eher selten auf das tägliche Work-out. Am meisten freue ich mich auf den Zustand danach – auf die Gelöstheit, die ich empfinden kann, diese angenehme Form der Erschöpfung. Wenn jeglicher Stress zumindest für eine kurze Zeit von mir abfällt. Meine Verfassung nach dem Sport gleicht einer täglichen kleinen Wiedergeburt.

Dabei habe ich mich lange weder in ein Fitnessstudio noch in Kurse getraut. Zu sehr fühlte ich mich wie ein Fremdkörper unter tatsächlich sportbegeisterten Menschen. Ich war ja nicht begeistert, ich hielt es nur einfach für das Richtige. Selbst nach Jahren täglicher Work-outs hatte ich das Gefühl, ich flöge im Fitnessstudio sofort als blutiger Anfänger auf. Und wenn ich mit meiner Freundin zusammen Sport machte, merkte ich schnell, wie anstrengend es für uns beide war, wenn sie mich ständig korrigieren musste. Also ließ ich mir von ihr einen Youtube-Fitness-Channel empfehlen, der im Grunde eher für Frauen gedacht war. Fortan befeuerten mich Anna, Jake und Renair per Intervalltraining und Mottos wie »*Fire Up Your Core and Glutes*«, »*Burn 300 Calories in 30 Minutes*« oder »*Advanced Bodyweight Workout*«. Von meinen Youtube-Coaches konnte ich mir zum einen korrekte Körperhaltung und Ausführung abschauen, zum anderen lernte ich dadurch andauernd neue Übungen und hatte auch Ziele, die ich erreichen konnte. Denn irgendwann will man ja mit den Video-Trainern mithalten können, statt ewig nur hinterherzuhecheln und sich zu schämen, wenn man keine dreißig Sekunden in einer »Plank« aushält. Zugegebenermaßen korrigierte immer noch niemand meine Körperhaltung, wenn ich abends alleine vor dem Fernseher auf und ab sprang, aber ich versuchte, selbstkritisch zu sein und auf meine innere Claire zu hören. Ein Ganzkörperspiegel schadete auch nicht.

Was mich zudem in Sachen Körper- und Selbstwertgefühl vorangebracht hat, ist ein Buch mit dem Titel *Fit ohne Geräte*[20] von einem ehemaligen Sportausbilder der US-Armee namens Mark Lauren. Zusammen mit meiner Freundin beschloss ich im Sommer 2018, seine *90-Tage-Challenge* anzugehen. Ich zitiere aus dem Vorwort:

> Dir steht eine intensive Zeit bevor, in der du dich wie vielleicht nie zuvor in deinem Leben mit deinem Körper befassen (…) wirst.[21]

Mithilfe meines neuen Personal Trainers Mark begab ich mich also in ein dreizehnwöchiges virtuelles Trainingscamp, um nicht nur meine Muskeln, sondern auch meine Psyche weiterzuentwickeln. Drei bis vier Tage die Woche trainiert man ohne Geräte, nur indem man das eigene Körpergewicht einsetzt. Im Schnitt beträgt die Trainingszeit zwischen zwanzig und dreißig Minuten pro Tag. Ich kann mit Stolz behaupten: Ich habe die dreizehn Wochen ohne Pausen und Ausreden absolviert. Natürlich gab es eine Menge Tage, an denen ich einen immensen Widerwillen verspürte. Doch das Hochgefühl, alle Challenges der Woche erledigt zu haben und ohne zusätzliche schulterbreite Dreipunkt-Liegestütze ins Wochenende gehen zu dürfen, bleibt mir in großartiger Erinnerung.

Ich bin nicht unbedingt der gemeinschaftliche Sportler. In meiner Jugend war ich ein paar Jahre lang im Fußballverein und habe das auch so lange ernst genommen, bis mein Heimatclub – die A-Jugend des traditionsreichen SV Grafentraubach – von einem autokratischen Ex-Polizisten trainiert wurde, der mich nur noch als Ersatzspieler aufstellte. Was damit koinzidierte, dass ich meine erste Freundin hatte und an Samstagen lieber die fünfzehn Kilometer mit dem Rennrad meines Vaters zu ihr fuhr, statt die Zeit auf der Ersatzbank zu verbringen. Auch unter Fitness-Gesichtspunkten der bessere Zug. Im Tennisverein war ich zwar auch, aber da entschied ich mich eher für die psychisch herausfordernden Einzelduelle mit dem Sohn des örtlichen Toyota-Händlers als für die schwerer durchschaubare Dynamik des Gruppentrainings. Ich habe meinen Vereinsjahren nie hinterhergetrauert: Ich mag ein gutes Fußballspiel unter Freunden oder eine ambitionierte Partie Tischtennis gegen meinen Nachbarn, aber ich bin kein Freund von Terminen und Hierarchien, schon gar nicht in meiner Freizeit. Auch im Sport bin ich immer eher Einzelgänger gewesen. Lieber nutze ich alleine vor dem Fernseher neonbunte Fitness-Apps (*Fitness Boxing*, *Ring Fit*) für die Nintendo Switch, als mich mit anderen auf dem Platz anzuschreien und mich im Anschluss mit ihnen über Sky-Abos und Kita-Schließzeiten zu unterhalten.

Vom Laufband in meinem Fitnessstudio aus liest man – wenn man nicht gerade auf die vom kleinen Monitor angezeigte zunehmende Anzahl der verbrannten Kalorien starrt – in großer Serifenschrift über den Maschinen die Worte »*Enjoy the Journey*«. Das kann einem nach fünfzehn Minuten auf dem Laufband bei dreiprozentiger Steigung natürlich wie blanker Hohn vorkommen. Dennoch erinnert mich dieser Kühlschrankmagneten-Spruch daran, nicht nur darauf zu hoffen, dass das Work-out bald wieder vorbei ist, sondern auch Freude in der Anstrengung selbst zu finden. Denn die dauert meistens länger als die Erlösung davon. Das gilt auch für die gesamte Trauerzeit. Sie dauert und dauert, und wenn ich nur darauf warte, dass es besser wird, verschwende ich kostbare Lebenszeit mit Hoffnungen und Erwartungen. Ich habe deshalb auch beim Sport versucht, den Anstrengungen etwas Gutes abzugewinnen und mich von definierten Zielen zu befreien. Denn »ein Ziel macht unfrei«, wie es mal in der Helmut-Dietl-Serie *Münchner*

Geschichten hieß, die in meiner Jugend im Bayerischen Fernsehen lief.

Was ich nie besonders gern gemacht habe, aber seit über zwanzig Jahren mache, ist Laufen. Musik und Kopfhörer machen es mir bis heute erträglicher, immer dieselbe Strecke mit denselben Gebäuden, Bäumen und Wegen in derselben Reihenfolge zu laufen. Ab einem gewissen Zeitpunkt wird das sogar meditativ. Im ersten Jahr der Pandemie, vor allem während der Lockdowns, bin ich viel gelaufen. Insbesondere durch den Berliner Tiergarten. An guten Tagen bis zu fünfzehn Kilometer. Das Laufen hat mich auf viele gute Gedanken und Ideen gebracht, aber auch auf ein paar schlechte. Nicht immer ist es heilsam, so viel mit seinen unzensierten Gedanken allein zu sein. Meistens jedoch ist es eine Art Versenkung, bei der ich meinen gesamten Körper spüre, wie er arbeitet und Leistung erbringt, weil ich das so von ihm will.

Einen eindeutigen Beweis dafür, dass die Fitness für meine konkrete Trauerarbeit unerlässlich ist, muss ich schuldig bleiben, aber ich bin überzeugt davon, dass sie mich resilienter macht. Selbstsicherer. Ich stelle fest, dass ich seltener krank bin, dass mein ehemals ruinöser Rücken mir so gut wie keine Beschwerden mehr bereitet, dass ich nach wie vor erleichtert und ein wenig stolz bin, wenn ich das tägliche Training hinter mir habe. Sport erhöht meine Selbstwirksamkeit.

Gelegentlich integriere ich noch ein paar von Claires Übungen in mein Work-out, auch wenn ich sicher bin, dass sie mich nach wie vor mit empörtem Kopfschütteln korrigieren würde.

7

Verdammte Anhaftung: Über Buddhismus und Meditation

Ich bin sicher nicht der erste Mensch, der über Trauer zum Buddhismus gefunden hat. Die Erfahrung eines Verlusts ist ja häufig ein Anlass, sich einer neuen Philosophie, einem speziellen spirituellen Ansinnen oder einer Religion zuzuwenden. Ausschlaggebend ist der Wunsch nach einem Paradigmenwechsel, denn die alte Geisteshaltung hat offenbar zu nichts Gutem geführt. Oder entbehrt zumindest mittlerweile eines tieferen Sinns.

Meine ersten Erfahrungen mit dem Buddhismus machte ich Anfang der 2000er-Jahre. Zu der Zeit wohnte ich in München und arbeitete beim Musiksender MTV als Online-Redakteur. Oberflächlich gesehen ging es mir nicht schlecht, ich hatte nach dem Studium auf Anhieb einen interessanten Job gefunden, verdiente genug Geld, um mir eine eigene kleine Wohnung in Schwabing zu leisten, und hatte in kurzer Zeit ein verlässliches soziales Umfeld in München aufgebaut. Dennoch war ich in eine Art Sinnkrise geraten, die ich mir damals selbst nicht genau erklären konnte. Ich war zwar meinem Traum gefolgt, in der Musikbranche zu arbeiten, doch leider stellte sich der Traum eher als Illusion heraus. Die Arbeitstage waren lang und nervös, es herrschte eine fieberhafte Hektik und eine irrsinnige Lautstärke, der Umgangston in meiner Redaktion war ruppig, die

Aufgaben waren anfangs banal. Ich fühlte mich provinziell, bemerkte plötzlich überdeutlich meinen eigenen bairischen Akzent und fand mich von einem Tag auf den anderen furchtbar unsouverän. Dazu kam, dass ich chronisch erkältet war, eine langjährige Beziehung beendet hatte und sich auch in meiner Musikerkarriere nicht besonders viel tat. Ich trank fast jeden Abend und verbrachte davor etwa zehn Stunden im Büro. Nach nur einem Jahr in München fühlte ich mich bereits völlig ausgehöhlt.

Gerade erst war ich beim Diebstahl eines schrottreifen Fahrrads erwischt worden, das ich auf dem Weg nach Hause ziemlich betrunken hatte »ausleihen« wollen. Nach zwei Stunden auf dem Revier fand ich nur wenig Schlaf, denn frühmorgens rief mich ein Freund an, dem ich mein Auto geliehen hatte, und sagte, mein Auto habe mitten auf der Autobahn seinen Geist aufgegeben, da sei nichts mehr zu retten.

Ich war bedient von München, versank für ein paar Tage in Selbstmitleid und Salamipizza mit extra Schafskäse und sagte alle Verabredungen ab. Irgendwann habe ich dann aus purer Langeweile Hesses *Siddhartha* gelesen – mit Mitte zwanzig war ich da nicht gerade ein spiritueller Frühaufsteher. Anschließend dachte ich zum ersten Mal länger über den Buddhismus nach und überlegte, ob das etwas für mich wäre.

Meine erste und letzte Meditationsübung bis dahin hatte ich in der Oberstufe absolviert. Mit unserem damaligen Religionslehrer waren wir in die Schulbibliothek gegangen und hatten versucht, zu »sanfter« Musik das »Gefühl absoluter Leere« in uns zu verspüren. Ich kann vorwegnehmen: Absolute Leere ist ein Zustand, den es bei mir nicht gibt. Selbst den verwandten Status »Ich denke jetzt mal an gar nichts« kann ich nur für ein paar Sekunden aufrechterhalten. Ich behaupte, das

Ziel der »inneren Leere« legt nicht nur die Messlatte für die Meditationspraxis viel zu hoch, es ist auch eher unsinnig. Es gibt keine innere Leere. Man kann sich auf seine Atmung konzentrieren oder sich selbst mit Mantras und Bildern hypnotisieren, aber das absolute Nichts, die Befreitheit von jedem Gedanken ist – zumindest für Nichterleuchtete – ein nahezu unerreichbarer Zustand. Der aber auch gar nicht erreicht werden muss. Ohnehin spricht man heute vorzugsweise von »Leerheit« oder »Weite« statt von »Leere«. Das ist eine bessere Semantik.

In jener lädierten München-Phase kaufte ich mir mein erstes Buch über den Buddhismus, das sich auch aufgrund seines Titels geradezu anbot: *Buddhismus kurz und bündig* von Steve Hagen.[22] Für einen ungeduldigen Leser wie mich genau die richtige Ansprache.

Das Buch erzeugte etwas, was meine katholische Prägung mir bisher verweigert hatte: Es gab mir das Gefühl, so wie ich war, in Ordnung zu sein. Kein spiritueller Versager, der sein Leben damit zubringen musste, sich zu schämen, um gerade noch so die Ziellinie des Paradieses überschreiten zu dürfen. So hatte mir das zumindest der Katholizismus meiner Dorfjugend nahegelegt. Das Buddhismus-Buch vermittelte mir zwar ebenfalls das Gefühl, noch einen langen Evolutionsprozess vor mir zu haben, aber es gab kein Ziel, keine Pflichtaufgabe, und es schien vor allem denkbar, schon hier und jetzt ein akzeptabler Mensch zu sein.

Das Buch ist alles andere als eine PR-Schrift für den Buddhismus – es war erschreckend ehrlich zu mir und verlangte auch, dass ich erschreckend ehrlich zu mir selbst war. Ein Satz, der mir auf Anhieb imponierte, lautet: »Der Kernpunkt des Buddhismus ist, einfach zu sehen. Das ist alles.«[23] Na, das klingt doch machbar, dachte ich. Ich hielt mich ja ohnehin für einen guten und feinfühligen Beobachter. War ich also schon längst auf einem buddhistischen Weg, ohne es zu wissen? Und ohne viel dafür getan zu haben? Das wäre ja großartig. Doch ich las erst einmal weiter. Das nächste Kapitel hieß »Das ewige Problem«, und da stand:

> Wir sehnen uns nach etwas. Wir spüren Schmerz und Verlust. Wir leiden. (…) Gemäß dem Buddha-Dharma ist dieser traurige Zustand, diese tiefe und ständige Unzufriedenheit, die erste Wahrheit.[24]

Erneut fühlte ich mich angesprochen. Damals war ich andauernd mit etwas unzufrieden, war häufig melancholisch bis dysphorisch. Doch obwohl ich das alles wusste, hatte ich nicht die geringste Ahnung, woher meine Schwermut kam. Ich hatte bis zu dem Zeitpunkt keine nennenswerten Verluste erlebt, hatte eine halbwegs privilegierte Kindheit und Jugend genossen. Vielleicht war ich nicht immer mit meinem Vater klargekommen, und vielleicht war zwischen meinen Eltern auch nicht immer alles bestens, aber da gab es wesentlich schlimmere Kindheiten. Warum war ich also so oft traurig? Lag das in meiner Natur? Vielleicht wusste ja der Buddhismus eine Antwort.

Ich las weiter und kam zu *Duhkha*, der ersten der »Vier Edlen Wahrheiten«,[25] einem buddhistischen Prinzip, das plötzlich wie eine Dechiffriermaschine für mich funktionierte, mit der ich meine eigene Persönlichkeit entschlüsseln konnte.

Häufig wird *Duhkha* mit »Leid« übersetzt, aber das ist nicht ganz ausreichend. Der Begriff beinhaltet durchaus auch Vergnügen oder Freude. Das Gegenteil von *Duhkha* im Sanskrit ist *Sukha*, was »Zufriedenheit« ausdrückt. Zufriedenheit ist eine längerfristige Empfindung, Leid nicht, genauso wenig wie

Freude oder Vergnügen. All diese Gefühle sind von extremer Natur und nicht von Dauer. Und eng miteinander verwoben. Die Abwesenheit von Freude erzeugt unmittelbar Leid. Das Ende von Leid kann Freude hervorrufen. *Duhkha* ist also der Ursprung allen Übels, das Festhalten an vorübergehenden Zuständen.

Das klang zwar plausibel, aber auch frustrierend. Mit Mitte zwanzig will man sich nicht sagen lassen, dass man mit seiner Suche nach permanenter Freude auf dem Holzweg sei. Man will nicht hören, dass die Suche nach dem nächsten *High* ein Garant für das folgende *Low* darstelle. Stattdessen will man seinen Gefühlen vertrauen, seinem Bauch. Was sollte ich also mit dem Hinweis anfangen, dass meine akuten Bedürfnisse im Prinzip zu nichts führten außer zu Leid?

Duhkha besteht laut Hagen nicht nur aus physischem oder emotionalem Schmerz, sondern auch aus der tief sitzenden Angst vor Veränderung, aus Angst vor dem Sein selbst. Er erklärt das so:

> Wenn deine Existenz im Dasein besteht, muß sie zwangsläufig einmal verschwinden. Diese Erkenntnis bringt tiefes Leid, Trauer und Schrecken mit sich.[26]

Dass Schmerz und Leid zutiefst im Wesen des Menschen verankert sind und eben nicht nur in meinem, erleichterte mich. Vielleicht schlug ich ja doch nicht so aus der Art, wie ich manchmal dachte. »Schmerz ist ein unvermeidlicher Aspekt unserer Welt. Schmerz ist eine physische, biologische und soziale Tatsache«, schreibt der buddhistische Psychologe und Autor Jack Kornfield.[27] Und er kennt auch den Grund dafür: die »Anhaftung«. Dazu komme ich gleich noch.

Je mehr ich über den Buddhismus las, desto stärker beeindruckte mich, dass es eher um Erkenntnisse geht als um Lösungen. Bevor man etwas verändert, erkennt man erst einmal an, dass es überhaupt Leid gibt, ergründet, woher es kommt, und akzeptiert es zunächst. Es mag resignativ klingen, aber mich hat *Duhkha* vom Druck befreit, sofort handeln zu müssen, sofort etwas an meiner Traurigkeit ändern zu müssen. Denn wenn das Sein selbst der Grund für mein Leiden war, dann war meine Trauer ja nicht mehr als ein Reflex des Lebens.

Ich verstand jetzt besser, warum ich zuvor traurig gewesen war. Weil ich mir Dinge gewünscht hatte. Unbedingt gewollt hatte. Dinge wie Liebe, Erfolg, Anerkennung, dichteres Haar, einen schnelleren Grafikprozessor – Dinge, die meist ad hoc nicht zu bekommen waren, weshalb die Zustände nicht meinen Erwartungen entsprachen. Ich war enttäuscht und hatte Angst, dass all meine Erwartungen nicht erfüllt würden. Doch meine ersten zaghaften Schritte in die buddhistische Lehre ergaben die Erkenntnis: Du bist ganz normal mit deiner Angst.

Der Buddhismus empfiehlt dennoch keineswegs, sich dauerhaft mit *Duhkha* abzufinden. Er geht davon aus, dass das Leiden irgendwann aufhört. Nicht nur zeitweise, sondern endgültig. So heißt es bei Kornfield:

> Befreiung vom Leid ist möglich, wenn wir uns von unseren Reaktionen verabschieden, unseren Ängsten, unserer Anhaftung. Diese Freiheit nennt man Nirwana.[28]

In mancher Interpretation kann damit auch der Tod gemeint sein, doch hypothetisch hört *Duhkha* auf, sobald wir das beschreiten, was Buddhisten den »mittleren Weg« nennen. Dafür gibt es eine Praxis mit der Bezeichnung »achtfacher Pfad«: Er besteht aus *rechter Erkenntnis, rechter Rede, rechtem Handeln, rechtem Lebenserwerb, rechtem Entschluss, rechter Anstrengung, rechter Achtsamkeit* und *rechter Sammlung*. (Manche Begriffe werden gelegentlich anders übersetzt; so liest man statt »Sammlung« öfter »Versenkung«, damit ist die Meditationspraxis gemeint.)

Die *rechte Erkenntnis* ist die Abkehr von einer starren Meinung; die *rechte Rede* ist das Vermeiden von Lügen und aggressiver Sprache; das *rechte Handeln* bedeutet, anderen keinen Schaden zuzufügen (kann aber auch als Plädoyer gegen Exzesse ausgelegt werden). Den *rechten Lebenserwerb* muss jeder mit sich selbst ausmachen. (Ich fände es zum Beispiel unbuddhistisch, als Immobilienmakler oder bei der *BILD* zu arbeiten. Andere setzen ihre Grenzen bei den Berufsbildern »Diktator«, »Mafiaboss« oder »AfD-Abgeordneter«.) Der *rechte Entschluss* oder auch *rechtes Streben* ist der starke Wille, nach humanistischen Prinzipien zu leben und dafür all seine Energien aufzubringen – er bildet vielleicht sogar die Grundlage für all die anderen Elemente des Pfades. Die *rechte Anstrengung* ist das, was es dazu braucht. Die *rechte Achtsamkeit* wird auch gelegentlich das »richtige Bewusstsein« genannt; sie ist eine Art Selbstcheck, eine immerwährende Überprüfung des eigenen Geistes, des eigenen Körpers und der eigenen Gefühle, ein genaues Hinschauen. Sie gliedert sich in drei Bereiche. Die Aufmerksamkeit wird auf etwas gerichtet, was ohnehin da ist. Die Wahrnehmung überprüft, welche Qualitäten mit dem Vorhandenen verbunden sind. Das Annehmen (oder die Akzeptanz) schließlich bewertet das Beobachtete nicht, es lässt es einfach bestehen.

Fehlt noch die *rechte Sammlung*, das praktischste und haptischste dieser Prinzipien, meint es doch nichts anderes als den Vorgang des In-sich-Versenkens, die Meditationsübung selbst.

Achtsamkeit (engl. *mindfulness* oder *awareness*) gilt als eines der wertvollsten Instrumente, nicht nur in der Trauerarbeit, sondern auch bei der Bewältigung von Stress- und Erschöpfungsphänomenen im Alltag. Der US-amerikanische Wissenschaftler Jon Kabat-Zinn hat schon in den 1970er-Jahren das Programm zur »Achtsamkeitsbasierten Stressreduktion«[29] (*Mindfulness-Based Stress Reduction*/MBSR) entwickelt – eine Mischung aus Verhaltenspsychologie, Meditation und Yoga-Elementen, die einen therapeutischen Effekt auf psychisch Belastete hat. Viele Krankenkassen bezuschussen heute das Verfahren, solange es von zertifizierten MBSR-Lehrer:innen angeboten wird. In der Praxis handelt es sich um Wahrnehmungs- und Meditationsübungen und vor allem eine Integration des Erlernten in den Alltag.

Sosehr MBSR-Lehrer auch versuchen, den Achtsamkeitsbegriff zu schärfen, er bleibt doch recht biegsam und subjektiv. Der erwähnte Jon Kabat-Zinn schreibt, man brauche kein Buddhist zu sein, um Achtsamkeit auszuüben, sie sei »lediglich eine praktische Methode, mit der Ganzheit unseres Seins in engeren Kontakt zu kommen; dies wird durch einen systematischen Prozess der Selbstbeobachtung« erzielt. Die Grundhaltung sei jedoch »nicht kalt, übermäßig analytisch oder gefühllos«, sondern »sanft, akzeptierend«.[30]

Für mich bedeutet Achtsamkeit hauptsächlich genaues Hinschauen, ohne sofort in eine Klassifizierung von negativ oder positiv überzugehen. Und das hat mir im Lauf der letzten Jahre sehr geholfen. Zum einen dabei, zu erkennen und zu verstehen, was genau mein momentanes Leid erzeugt. Dadurch kann ich es zwar nicht verbannen, aber es verliert seine Unberechenbarkeit, seine frustrierende Willkür. Zudem nehme ich eine ständige Veränderung der Intensität dieses Leids wahr; es wandelt sich im Minutentakt und wird meistens auf verlässliche Weise weniger. Zum anderen merke ich auch genau, wann es mir gut geht, wie oft und warum es mir gut geht. Ich kann dieses stete Miteinander von Trauer und Freude besser annehmen, beobachte aufmerksam die Wechsel. Ich begreife, dass ich nicht nur der Freude hinterherjagen und dem Leid abwehrend gegenüberstehen muss.

Mittels Achtsamkeitspraxis eigne ich mir auch noch mehr Dankbarkeit für das an, was schon da ist. Nicht nur für das, was mich begeistert oder was ich unbedingt genau so wollte. Ich kann mich mittlerweile oft über die profansten Dinge freuen, zum Beispiel darüber, wie sich der Knopf zum fünften Stockwerk in unserem Aufzug anfühlt. Wie das Waschbecken glänzt, wenn ich es geputzt habe. Oder wie meine Straße nach Regen im Dunkeln aussieht.

Klar, »Achtsamkeit« ist in den letzten Jahren mitunter ein wenig zum *buzzword* verkommen. Jeder bastelt sich sein eigenes Konzept davon zusammen oder lässt es sich von denjenigen Leuten erklären, die es einem am schmackhaftesten machen. Die es am wenigsten als harte Arbeit verkaufen. Doch es braucht eine Menge Konzentration und in der Regel eine eher unbequeme Überwindung alter Muster. Achtsamkeit passt meist nicht ins gewohnte Alltagskonzept, in einen Alltag, in dem es um stringente Abläufe und Effizienz geht. Um die Vermeidung von Erkenntnis, denn die hält nur auf.

Ich würde unter *mindfulness* auch das Bewusstsein für die Gefühle und Bedürfnisse anderer Menschen einordnen. Wenn ich mein Ego nur für ein paar Sekunden ausblende, bilden die Gefühle der anderen oft eine eigene deutliche Präsenz im Raum, sogar ohne Worte. Wir leben ja in einer Ära der Videocalls, doch selbst da spürt man meistens sehr deutlich die Stimmung und

Agenda der Anwesenden, man muss lediglich für eine Weile von dem absehen, was man sich von diesem Meeting versprochen hat. Die Präsenz der Gefühle nimmt man natürlich kaum wahr, wenn man selbst extreme Bedürfnisse hat. Daher ist es in einem Streit auch so schwer, die Perspektive des anderen zu erkennen. In jedem Fall gilt bei der Achtsamkeit: *Context is king*. Manchmal muss man die Antennen auch wieder einfahren können. Es gibt Zeiten, da ist die Konzentration auf die eigenen Gefühle energiesparender.

Was mir damals an Hagens Ansatz und überhaupt an der westlichen Auslegung des Buddhismus so gefiel, war die Plausibilität und die Abwesenheit von Zwängen. Der »achtfache Pfad« wird von vielen buddhistischen Mönchen und Nonnen als eine Reihe von mitunter recht praktischen Lebensempfehlungen gelehrt: Es sind keine in Stein gemeißelten Gebote, sie sind flexibel, auslegbar und ziehen bei Nichtbefolgung in der Regel auch keine konkreten Strafen nach sich.

Natürlich gibt es auch Lehrer – oder gar buddhistische Sekten –, die eine Art Hölle predigen. Dogmatismus macht vor Buddhismus durchaus nicht halt, und es finden sich leider mehr Beispiele für geistigen und sexuellen Missbrauch im Buddhismus, als man denken könnte. Ein Bekannter von mir, der Mönch Tenzin Peljor, ist in dieser Hinsicht Aktivist und Aufklärer. Seine Expertise empfehle ich all jenen im Vorfeld, die sich gänzlich einer buddhistischen Glaubensgemeinschaft verschreiben wollen.

Bei aller Flexibilität ist der Buddhismus dennoch keine Do-it-yourself-Religion. Nimmt man den »achtfachen Pfad« ernst, will man ihn also als Weg zu Nirwana und Reinkarnation nutzen, muss er mehr als nur ein Bündel guter Vorsätze darstellen.

Die vollkommene Erleuchtung und letzten Endes das Austreten aus dem Wiedergeburtszyklus sind übrigens nicht das, was ich anstrebe. Denn auch das hat einen Erlösungsansatz, und ich persönlich möchte gar nicht erlöst werden. Ich will dieses Leben hier nur einigermaßen akzeptabel zu Ende bringen. Vielleicht zögere ich auch deshalb immer, mich selbst als »buddhistisch orientiert« zu labeln. Ich begreife durchaus, dass mir mein »Anhaften« an Dingen Leid zufügt, und ich versuche natürlich zudem, Leid von anderen Menschen fernzuhalten, aber ich persönlich kann Leid auch etwas abgewinnen. Zumindest als Barometer. Mir wird dadurch klarer, wo es sich lohnt, anzuhaften, und wo nicht.

Nicht ganz zu Unrecht wirft man »Zeitgeist-Buddhisten« wie mir vor, sich nur die angenehmsten und passendsten Ideen aus der Philosophie herauszupicken und sich daraus eine Lebenseinstellung zu basteln, die mit unseren westlichen Gewohnheiten und Bedürfnissen übereinstimmt. »*Spiritual bypassing*«[31] hat der buddhistische Lehrer John Welwood das mal genannt – die Tendenz, spirituelle Konzepte zu verwenden, um ungelösten emotionalen Problemen aus dem Weg zu gehen, wodurch man sich seiner Meinung nach allerdings auch nicht weiterentwickeln kann. Aber wenn buddhistische und meditative Praxis zu ein wenig mehr Freundlichkeit, Ethik und Umsicht in der Gesellschaft beiträgt, spricht aus meiner Sicht nichts dagegen, sich – und sei es nur laienhaft – damit zu beschäftigen. Mal etwas vom Dalai Lama zu lesen oder sich den ein oder anderen Dharma-Vortrag anzuhören, kann nicht schaden, wenn man herausfinden will, wie Buddhismus in aller Konsequenz aussieht.

Ich rekapituliere: Einer der zentralen Sätze im Buddhismus besagt, dass Leiden durch unbedingtes Wollen entstehe. Es geht also um Erwartungsmanagement. Denn im Grunde stellt ja unsere gesamte Existenz eine einzige Erwartung dar: Wir erwarten Liebe und Fürsorge von unseren Eltern, wir erwarten Freundschaften und Freude im Leben, Unterhaltung und beruflichen Erfolg, Geld und die Abwesenheit von Problemen. Mit dem Alter nehmen unsere Erwartungen nicht nur immer mehr zu, sie werden zudem immer spezifischer, somit erhöht sich auch das Potenzial für Enttäuschungen. Und natürlich erwarten wir, dass uns nichts Schlimmes passiert. Dass wir nicht krank werden, dass wir nicht diskriminiert, misshandelt, missbraucht oder benachteiligt werden. Dass es unseren Kindern gut geht. Dass sie nicht krank werden und schon gar nicht sterben. Aber können wir wirklich von all diesen Erwartungen ablassen? Und sollten wir das?

Ich habe mich schneller damit arrangiert, dass Olivia sterben würde, als ich es selbst für möglich gehalten habe. Klar habe ich es als ungerecht empfunden, klar war ich wütend und habe einen imaginären Gott beschimpft, doch im Großen und Ganzen habe ich keinen Widerstand geleistet, sondern versucht, den Weg bis zu ihrem Tod so gut es ging mit ihr zu gehen. In der Zeit ihrer ersten Chemotherapie in Berlin ließen uns die Ärzte noch im Unklaren über ihre langfristigen Heilungschancen, und ich brachte monatelang nicht den Mut auf, alle Details über die Tumorart im Internet nachzulesen. Erst in Essen, während der Strahlentherapie, hat uns ein Arzt explizit darauf vorbereitet, dass unsere Tochter vermutlich innerhalb von ein bis drei Jahren sterben würde. Das war einer der hoffnungslosesten Momente ihrer Krankheit, und dennoch habe ich mich schnell darauf einstellen können. Ich gab instinktiv meinen Widerstand auf, akzeptierte die Prognose und richtete meine Gebete von nun an darauf aus, dass es kein qualvolles Ende würde. Das hat es mir ermöglicht, mich ihr voll und ganz zu widmen.

Mehr denn je präsent zu sein. Es wundert mich noch heute, wie wenig ich an der Vorstellung festhielt, dass sie überleben könnte, selbst wenn natürlich immer eine minimale Resthoffnung bestand. Wie intensiv ich vor allem die letzten Monate mit ihr wahrnehmen und schätzen konnte. Umso erstaunlicher ist, wie leicht frustrierbar, wie abwehrend ich gegenüber vielen anderen Aspekten meines Lebens blieb. Wie wenig ich meine eigenen Erwartungen in Sachen Beziehung, Erziehung und Familienleben managen konnte, während ich in der ungleich schwierigeren Angelegenheit so viel gelassener war.

Die buddhistischen Lehrer:innen, denen ich bisher zuhören durfte, vertraten eine eher praktikable denn theosophische Anschauung. Die Lehren sollten im Alltag anwendbar sein und zum eigenen Wohlbefinden führen, wie auch zu dem von anderen. Aus der Akzeptanz und dem Bewusstsein für Leid soll sich schließlich kein Phlegma entwickeln, sondern die sogenannte *Metta* oder auch *Maitri*, die »liebevolle Güte«. Damit ist eine nichturteilende Haltung gegenüber allen Mitmenschen, Tieren, Pflanzen und Dingen gemeint. Sanftmut und Mitgefühl. Wie jede einzelne Person das umsetzt, ob in Hilfsbereitschaft, Nachsicht, Geduld oder anderem altruistischen Verhalten, bleibt ihr selbst überlassen. Es geht nicht darum, Karma-Punkte fürs Jenseits zu sammeln; *Metta* hat vielmehr einen praktischen Zweck. Die Energie, die man aus dem »mittleren Weg« gewinnt, führt man in Mitgefühl für andere über und reduziert damit deren Leid. Das klingt hochgestochener, als es ist; im Alltag kann man das sehr gut mit seinem Partner, mit den Kindern, Eltern oder Freunden trainieren. Man muss nicht sofort ein Ehrenamt annehmen oder in einen Helferberuf wechseln. Es reicht, sich für den Anfang in Großzügigkeit zu üben. Deshalb habe ich mir vor zwei Jahren einen Zettel an die Wand gehängt, auf den ich »*BE GENEROUS*« gemalt hatte. Natürlich halte ich mich nicht immer daran, bin voller Vorurteile und enttäuschter Erwartungen gegenüber meinen Mitmenschen, aber wenn ich dann meine mit Farbstiften gemalten comicartigen Großbuchstaben an der Wand sehe, nehme ich mir zumindest vor, es beim nächsten Mal besser zu machen.

Bei aller hier beschriebenen Sanftheit und Zwanglosigkeit und dem Hang zu Versenkung und Introspektion ist der Buddhismus eine Philosophie der Aktion. Der Dalai Lama sagt: »Es gibt nur zwei Tage im Jahr, an denen man nichts tun kann. Der eine ist Gestern, der andere Morgen.«

Es ist leicht, ein paar buddhistische Bücher zu lesen, einsichtig zu nicken und einmal die Woche zu meditieren. Es ist nicht mehr als eine lapidare Grundlage, daraus entsteht weder liebende Güte, noch beschreitet man dadurch schon den »achtfachen Weg«. Buddhismus bedeutet jedoch höchste Konzentration, er bedeutet Arbeit. Eine Arbeit, die ich auch nicht immer zu leisten gewillt bin oder für die mir zuweilen die Kraft fehlt. Mir helfen seine Ideen immens, und ich finde die meisten davon sehr lebensnah, und doch muss ich mich manchmal davon distanzieren, denn es gibt Zeiten, da läuft eine Selbstanalyse auf das frustrierende Resümee hinaus, dass ich oft nicht besonders buddhistisch lebe oder spreche.

Für Buddhisten ist übrigens auch Trauer eine Form der Anhaftung, ein »Stachel, den er den Menschen ziehen will«, wie eine befreundete Buddhistin mir schrieb. Trotzdem bleiben viel Platz und Verständnis für Trauer – ich fühle keinen akuten Veränderungsdruck, sondern Anteilnahme und Geduld.

Als richtigen Buddhisten bezeichne ich mich bis heute nicht. Dafür habe ich zu wenig Schriften gelesen, zu wenig Vorträge gehört, zu wenig nach buddhistischen Maximen gelebt und zu wenig meditiert. In der Meditationspraxis mache ich dennoch Fortschritte. Ich schaffe es, länger zu meditieren, mich besser zu fokussieren, Alltagsgedanken mittlerweile auf Knopfdruck beiseitewischen zu können. Mit der Meditation ist es ein bisschen wie mit Sport: Je mehr ich mich überwinde, je mehr ich trainiere, desto leichter fällt sie mir.

Die Meditation hat meine Trauer nicht beseitigt, oft hat sie sie sogar verstärkt, aber sie hat mir geholfen, sie zu erkennen und zu verstehen. Vor allem hat sie mir zu einem buchstäblich längeren Atem verholfen. Dennoch erscheint es mir sinnvoll, hier eine Warnung zu platzieren: Achtsamkeits- und Meditationspraxis birgt für (vorübergehend) instabile Personen auch Gefahren. Sie kann Dinge hervorholen, für die man womöglich nicht gewappnet ist. Sie kann Stille erzeugen, die einen überfordert, sie kann Flashbacks generieren, die man nicht alleine bewältigen kann. In der Regel braucht es eine gute Anleitung. Die hatte ich in Form von Meditationsstunden, Meditation in der Gruppe oder mit meiner damaligen Partnerin. Ich habe Bücher gelesen, Apps ausprobiert und vor allem mit anderen über meine Meditationspraxis gesprochen, sie reflektiert. Ich würde in einem Trauerfall nicht empfehlen, Meditation in langen Sitzungen zu erlernen. Gerade wenn man trauert, braucht es eine traumasensible Ausrichtung, noch bevor man damit beginnt. Es braucht Begleitung und Gespräch.

Nachdem ich damals *Buddhismus kurz und bündig* ausgelesen hatte, übte ich ein paar Tage lang das Meditieren, und zwar im Liegen. Das rührte auch daher, dass ich mir eine ideale Meditation wie einen Zwischenzustand zwischen Wachsein und Schlaf vorgestellt hatte. Eine Art friedliche Abwesenheit. Zwanzig Jahre später weiß ich, dass es um Anwesenheit geht. Meine tägliche Meditation verläuft deshalb keineswegs immer friedlich. An manchen Tagen beschwöre ich in ihr geradezu Konflikte herauf, nur um zu lernen, wie ich sie innerhalb einer halben Stunde wieder ad acta legen kann. Nicht selten bin ich nervös und kämpfe mit problematischen Gedanken und konkreten Erwartungen an meinen Tag. Dann frage ich mich manchmal, was das Meditieren eigentlich bringen soll, wenn es mich nur noch mehr auf meine inneren Konflikte hinweist. Erst wenn ich eine Weile aussetze oder nicht mehr regelmäßig meditiere, merke ich, wie eine gewisse Unruhe von mir Besitz ergreift, weil es ohne meine morgendliche Meditation plötzlich keinen isolierten und sicheren Ort für meine Gefühle und Ängste gibt und diese Gefühle sich dann wieder mehr über andere Kanäle Zugang zu meinem Alltag verschaffen.

Nach meinen kurzen und nicht angeleiteten Ausflügen in die Meditationspraxis Anfang der 2000er habe ich lange Jahre gar nicht oder nur unreflektiert meditiert. Geändert hat sich das mit Olivias Krankheit. Auf allen Ebenen des Lebens hatte ich Angst, dass mir die Kraft ausgehen könnte. Meine Partnerin hat mir damals auf die Sprünge geholfen, indem sie mir einen sogenannten *Bodyscan* auf CD gebrannt hat. Beim *Bodyscan* konzentriert man sich nacheinander auf verschiedene Körperteile; das kann sehr kleinteilig ausfallen, wie auf die linke und dann auf die rechte Augenbraue zu achten, oder größere Bereiche wie den Brustkorb oder den Rücken ansprechen. In jedem Fall wird man von Lehrenden beziehungsweise einer Stimme angewiesen, auf welchen Teil des Körpers man seine Aufmerksamkeit richten soll. Es ist eine Konzentrationsübung, bei der man lernt, störende Gedanken vorbeiziehen zu lassen. Ein *Bodyscan* ist aber nicht per se eine niedrigschwellige Übung (aus der Achtsamkeitspraxis), denn nicht immer will man seinen eigenen Körper mit all seinen Defiziten und Wehwehchen wahrnehmen. Für mich war er dennoch ein guter Einstieg, weil er mir konkrete Aufgaben stellte, mich weniger meinen eigenen Gedanken und ihrer Unordnung überließ. Ich bin jedoch sehr bald von *Bodyscans* und angeleiteten Meditationen abgekommen, weil ich letztlich nach Stille strebe, gerade wenn ich gleich nach dem Aufstehen gegen sechs Uhr morgens meditiere. Üblicherweise setze ich mich dann kniend auf ein rundes Meditationskissen und lege die Hände mit den Handflächen nach unten auf meine Oberschenkel. Ich schließe die Augen und versuche, die Lippen einen kleinen Spalt weit offen zu halten, weil ich sonst die Zähne zusammenbeiße und mein Kiefer verkrampft. Nun konzentriere ich mich auf den eigenen Atem und kehre auch immer wieder zu ihm zurück, wenn ich mich in meinen eigenen Gedanken verrannt habe.

Im Lauf der Jahre hat sich herausgestellt, dass mir vor allem die Ritualisierung hilft, ohne Widerstand in die Meditation zu kommen. Neben einer festen Uhrzeit am frühen Morgen habe ich mir einen Ort im Zimmer eingerichtet, an dem ich meditiere. Ich sitze am Fenster, mit Blick auf meinen alten Lautsprecher, auf dem ein hölzerner Buddha steht, in den dunklen Monaten auch eine brennende Kerze und eine Klangschale, mit der ich die Meditation manchmal einleite. Zum Meditieren selbst nehme ich eine tibetische *Mala* in die Hand, das ist eine Art Gebetskette. Auch sie ist ein Hilfsmittel, das mich daran erinnert, dass ich mich gerade in der Meditation befinde, in einem vom Alltag abgetrennten Bereich.

Es kommt natürlich vor, dass ich mich nach einer Meditation entspannt oder sogar erfrischt fühle, aber das ist nicht mein Ziel. Meditation ist für mich ein absichtsloses Unterfangen. Wenn sie einen Wandel hervorruft, dann nur langfristig. Etwa eine fortschreitende Weitung von Verstand und Gemüt. Möglich sind auf diesem Weg sanfte Etappenziele wie zum Beispiel die Verlängerung der Meditationszeit, doch es gibt keine Examen, keinen schwarzen Meditationsgürtel. Wer ehrlich mit sich ist, wird immer wieder Rückschläge hinnehmen, Phasen erleben, in denen man den eigenen Ansprüchen nicht genügt und sogar frustriert ganz damit aufhört, weil man sich plötzlich wieder schlechter konzentrieren kann, weil zu viele Gedanken kommen, weil man nicht mehr in der Lage ist, besonders lange zu meditieren. Doch auch das ist normal, denn – um noch einmal den Sportvergleich zu ziehen – man ist nicht immer ausreichend fit fürs Meditieren.

Wenn ich hier abschließend meine tägliche Meditation beschreibe, soll das keine Anleitung sein. Es gibt Leitlinien und unterschiedlichste Varianten der Meditation, man kann sie nachlesen. Ich will hier nur schildern, was mir selbst hilft.

Mit meiner um die Finger gewickelten *Mala* sitze ich an Werktagen jeden Morgen auf meinem Meditationskissen und lasse in den ersten Minuten zunächst alle Gedanken zu, die mir in den Sinn kommen, ohne sie zu verurteilen. Meistens sind das Gedanken an die Arbeit, an das, was am betreffenden Tag im Haushalt zu tun ist, an das Kind, begleitet etwa von der Frage, warum es keine besseren Noten schreibt, oder an Konfliktsituationen mit anderen Menschen. Es handelt sich überwiegend um unerfreuliche Gedanken, die ich aber in solchen Momenten nicht als unangenehm registriere – Probleme sind hier einfach nur Gedanken. In diesem Zustand kann ich sie zulassen, ohne dass sie mich verängstigen.

Dann mache ich mich daran, innerlich aufzuräumen. Ich sortiere die Gedanken nach Themenfeldern (Arbeit, Liebe, Steuererklärung), rücke den einen nach links, den anderen nach hinten, und den dritten werfe ich ganz weg. Es wird allmählich ordentlicher in meinem Kopf. Ich »mariekondōisiere« meinen Verstand, und erst danach kann ich mit der eigentlichen Meditation beginnen. Manche Gedanken weigern sich auch in der Folge hartnäckig, zu gehen, manche kommen immer wieder zurück. Dann bemühe ich mich erneut, sie vorbeiziehen zu lassen, oder wehre mich im schlimmsten Fall einfach nicht mehr gegen ihre Anwesenheit. Verliere ich zu stark den Fokus, versuche ich, mich ausschließlich auf meinen Atem zu konzentrieren: Manchmal stelle ich ihn mir als blaue Linien vor, die sich durch meinen Körper ziehen. Um mich zu ordnen, nehme ich auch oft bewusst Empfindungen in meinen Händen, in meinen Beinen oder im Rücken wahr. Das alles gelingt mal besser, mal schlechter; nur auf eine Sache ist Verlass: Ich schaffe es mittlerweile, die Zeit vorübergehend außer Kraft zu setzen. Das klingt wie eine Fantasie, aber lasst mich erklären:

Ich befinde mich während meiner Meditation völlig bewusst in der Gegenwart, ich registriere jede Kleinigkeit, jede Regung meines Körpers und meiner Umwelt. Gleichzeitig bin ich in einem Zustand temporaler Indifferenz, in dem ich nicht mehr wahrnehme, wie die Zeit vergeht. Es ist ein faszinierender Gegensatz. Ich bekomme mit, wie viele Sekunden die Straßenbahn benötigt, um an unserem Block vorbeizufahren, gleichzeitig kann ich sofort wieder in den Fluss der Meditation eintauchen, und was vor zehn Sekunden passiert ist, könnte nun auch zehn Minuten her sein. Das ist keine Technik, die ich mir bewusst beigebracht habe, sie kam irgendwann von selbst – die regelmäßige Praxis hat das vermutlich bewirkt. Dieser Zustand hilft mir immens, um die Meditation von meinem Alltag zu unterscheiden: Es entsteht ein eigener geschlossener Raum, in den ich mich jederzeit zurückziehen kann, wenn ich Ruhe und Rekonvaleszenz brauche. Natürlich kann man zu dieser Art von Vertiefung auch mithilfe anderer Tätigkeiten gelangen. Man kann aus dem Fenster schauen, einfach nur sehr langsam spazieren gehen (siehe auch »Gehmeditation«); ich habe auch schon von Menschen gehört, die behauptet haben, Fahrradfahren sei eine Meditationsübung für sie. Wenn sie das auch am Kreisverkehr am Kottbusser Tor noch so sehen, dann: Respekt!

Meiner täglichen Meditation habe ich vor ein paar Jahren ein individuelles Ritual hinzugefügt, das nichts mit Buddhismus zu tun hat. Ich will es dennoch hier erwähnen, weil es mir dabei hilft, mich auf jeden kommenden Tag einzulassen, und auch ein kleines Highlight meines Morgens darstellt.

Nach meiner circa zwanzigminütigen Meditation hebe ich die Arme im Sitzen zu einer Art Sonnengruß und verschließe die Hände dann vor meinem Oberkörper. Anschließend spanne ich die Gebetskette zwischen meinen Händen und führe sie langsam vom Bauchnabel bis über meinen Kopf, so als könnte ich mich mit jedem weiteren Zentimeter mit zusätzlicher Energie aufladen. Dann stelle ich mir vor, mit meinen Händen einen Ball aus Licht und Energie zu formen – das habe ich mal in einem Qigong-Kurs gelernt. Und diesen Energieball führe ich in meine Herzgegend ein. In der Chakren-Lehre nennt man den Bereich das »Herzchakra«, hier befinden sich Mitgefühl, Freude und Selbstliebe. Als Nächstes versuche ich, meine Energie auf Menschen zu konzentrieren, die ich mag und denen Gutes passieren soll; an erster Stelle steht dabei natürlich mein Sohn. Manchmal stelle ich mir aber auch eher stressinduzierende Leute vor, also Menschen, mit denen man gerade Streit hat, von denen man sich schlecht behandelt fühlt oder die man auf den Tod nicht ausstehen kann. Dann bekommen die meine liebevolle Energie. Zum Abschluss lege ich mir beide Hände auf die Augen und tauche ein paar Sekunden lang in vollkommene Dunkelheit ein. Nehme nichts wahr außer dem Geruch meiner eigenen Haut. Das ist vielleicht der einzige Moment, in dem ich wirklich diese völlige Leere spüre, die unser Religionslehrer damals in der Oberstufe als Ziel vorgegeben hat.

Auch wenn ich auf einer der letzten Seiten konstatiert habe, dass der Benefit von Meditation ein langfristiger sei und sie in Bezug auf den Augenblick eher absichtslos sein sollte, darf sie sich natürlich trotzdem gut anfühlen. Sie darf inspirieren, einen auf gute Ideen bringen.

»*Life's a piece of shit / When you look at it*« lauten zwei Zeilen aus dem Lied »*Always Look on the Bright Side of Life*«, das Eric Idle im Monty-Python-Film *Das Leben des Brian* singt, und vielleicht ist das die Überspitzung dessen, was der Buddhismus *Samsara* nennt, des immerwährenden Zyklus des Seins aus Geburt, Alter, Tod und Wiedergeburt. Ein Kreislauf mit enormem Leidenspotenzial. Die Lösungen, die der Buddhismus anbietet (und mit denen er sich auch an Trauernde richtet), scheinen manchmal sehr anspruchsvoll, manchmal fast naiv in ihrer Vereinfachung komplexer emotionaler Vorgänge. Natürlich versteht jeder, was mit »lass los« oder »hafte nicht an« gemeint ist. Auch »akzeptiere das Sein« lässt sich noch nachvollziehen. Aber das Übersetzen dieser simplen und einleuchtenden Prinzipien in die Praxis hat etwas von Sisyphusarbeit. Eine befreundete Buddhistin hat mal zu mir gesagt, Buddhismus sei eine andauernde und sehr anstrengende Unterbrechung von Alltagsmustern. Buddhistische Prinzipien wie Absichtslosigkeit oder Dissoziation, das Nicht-Identifizieren mit seinen gegenwärtigen Gefühlen, sind extrem anspruchsvolle und oftmals dem eigenen Willen direkt entgegengesetzte Formen von Geistestraining, die Menschen insbesondere in Phasen akuter Trauer durchaus stark überfordern können.

Es gibt auch im Buddhismus nicht nicht den *einen* verbindlichen Moment, an dem Menschen endgültig von ihrer Trauer ablassen oder einen Verlust vollständig akzeptieren. Die Trauer, der Schmerz, die Unsicherheit – all das kehrt immer wieder zuverlässig zurück wie die eigenen Gedanken während der Meditationspraxis. Man begegnet ihnen im Idealfall, darin hat mich der Buddhismus geschult, mit Ruhe, Geduld und Wohlwollen statt Aversion.

8

Intervalle: Ernährung und Abstinenz

Circa zwei Monate nach Olivias Tod habe ich zum ersten Mal im Leben gefastet. Nicht ganz freiwillig. Und auch nicht ganz konsequent. Im Zuge unseres bereits erwähnten Selbsterfahrungs-Podcasts *Verdammte Erleuchtung* nahmen mein Freund Rüdiger und ich an einer Fastenwanderung rund um den Tegeler See teil. Dafür sollten wir vorher eine Woche lang fasten. Rüdiger verzichtete in der Woche komplett auf feste Nahrung und machte sich auch die dafür notwendigen Einläufe. Ich hingegen tastete mich lediglich ans Intervallfasten heran – aus Respekt nicht nur vor Einläufen, sondern auch vor dem, was eine rigorose Fastenwoche bei meiner angegriffenen Psyche hätte verursachen können. Das war zudem ein Ratschlag unserer Fastenberater:innen Sabrina und Stefan, den ich dankbar annahm: nicht so kurz nach einem traumatischen Ereignis ins volle Fastenprogramm einzusteigen.

Mein siebentägiges Konzept sah so aus: kein Zucker, kein Kaffee, kein Alkohol. Keine Mahlzeiten zwischen fünf Uhr nachmittags und zehn Uhr morgens. Es war also eine Mischung aus ketogener Diät und Intervallfasten mit dem Fokus auf gesunder Ernährung und Vermeidung von Kohlenhydrat-Exzessen. Das schien mir keine ganz große Herausforderung zu sein, vor allem im Gegensatz zu Rüdigers Fastenkur. Und doch – in den ersten beiden Tagen quälte mich abends der Hunger. Ab Tag drei war er verschwunden. Mein Stoffwechsel hatte sich offensichtlich sehr schnell auf den neuen Rhythmus eingestellt, und ich habe mich damals schon fasziniert gefragt, was noch alles möglich ist mit Körper und Geist, wenn sich schon das »Anhaften« an einem existenziellen Bedürfnis wie Essen so rasch regulieren ließ. Bis heute ist es mir tatsächlich nie wieder besonders schwergefallen, meine Ernährung von einem Tag auf den anderen auf Intervallfasten umzustellen. Ähnlich wie beim Muskelgedächtnis habe ich vielleicht damals das Potenzial dazu freigeschaltet.

Nach der absolvierten Fastenwoche, in der ich meine Intervallphasen immer weiter ausdehnte (gegen Ende aß ich nur noch zwischen 9 und 14 Uhr), fühlte ich mich tatsächlich fitter und irgendwie auch »gereinigter«, aber vor allem war ich froh, mir etwas vorgenommen und geschafft zu haben. (Dieser Topos zieht sich ja beinahe durch alle Kapitel des Buches – die Selbstwirksamkeit.)

Die abschließende Fastenwanderung um den Tegeler See war natürlich nur eine abgespeckte (*pun intended*) Variante dessen, was zahlende Fastenwanderer im Laufe ihres einwöchigen Programms bei unseren Lehrer:innen absolvierten. Trotzdem war der knapp acht Kilometer lange Spaziergang auf nüchternen Magen eine Unternehmung, bei der ich mich für ein paar Stunden gut von belastenden Gedanken lösen konnte. Ich hatte das Gefühl, dass durch das Fasten meine Aufmerksamkeit und das Interesse an meiner Umgebung geschärft worden seien, und es hat mich auf der Wanderung immens beschäftigt, dass das immer noch ziemlich heruntergekommene Ufer des Tegeler Sees samt seiner verfallenen Promenade in den Jahren zwischen 1880 und 1933 eins von Berlins beliebtesten Ausflugszielen mit zahllosen

Restaurants, Bootsvereinen und Badestellen gewesen war. Vom alten Glanz ist nicht viel übrig geblieben. Nach der Wanderung und meiner durchaus erfreulich verlaufenen Fastenwoche beendete ich das Intervallfasten dennoch und sagte wieder Hallo zu Schokoriegeln und Croissants. Zu verankert war ich in meinem Glauben an den Trostwert von Zucker und Fett. Und bin es noch heute ein klein wenig.

Ein paar Monate später begannen meine Magenprobleme, und ich wurde Vegetarier. Okay – nicht sofort.

Ich hatte bereits seit längerer Zeit mit dem Vegetarismus zu tun: Meine Ex-Frau ist Vegetarierin, genau wie meine Schwester, und meine damalige Partnerin lebte vegan. Schon mein Lieblingskommilitone an der Uni war kein Fleischesser gewesen, und obwohl es mich damals durchaus fasziniert hatte, war mir eine Nachahmung wie ein nicht zu bewältigender Umbruch erschienen, was in den Neunzigern in Bayern eher nachvollziehbar war als im veggie-mondänen Berlin der Jetztzeit.

Mittlerweile bin ich seit fast fünf Jahren Vegetarier, empfinde aber immer noch keinen großen Ekel vor Fleisch und habe auch kein schlechtes Gewissen, weil ich 44 Jahre lang welches gegessen habe. Warum habe ich dann damit aufgehört? So blöd das klingen mag: Weil ich fand, dass es an der Zeit sei. Als fortschrittlich denkender Mensch, der Rücksicht auf Tiere, Umwelt und Gesellschaft nimmt, hielt ich es für einen notwendigen Schritt. Absurdes Konzept, ich weiß. Imaginiert hatte ich den Schritt schon jahrelang, hatte aber immer gedacht: Ich mach das mal in einer wirklich guten Phase meines Lebens, damit es mir nicht zu schwerfällt. Diese Phase ließ nur leider so lange auf sich warten, dass ich den Schritt letztlich in der schlechtesten vollzogen habe.

Zugegeben: Ein großer Umbruch war's ohnehin nicht, denn in meinen Partnerschaften gab es ja eh nie Fleisch. Im Endeffekt musste ich nur auf das Sandwich mit italienischer Salami und auf die Mango-Ente beim Vietnamesen um die Ecke verzichten. Und vielleicht auf die Salamipizza und den sinnentleerten Late-Night-Döner. Aber das alles erschien mir plötzlich sehr machbar. Ich dachte: Ich muss mich von so vielen Vorstellungen lösen, da ist der Verzicht auf Fleisch ja geradezu lächerlich.

Ich nahm mir also vor, im bevorstehenden Urlaub auf Kos zum letzten Mal Fleisch zu essen und mich danach endgültig davon zu verabschieden. Eine letzte Abschiedstour mit Gyros und Souflaki. Bis zu jenem Griechenland-Urlaub – da war gerade ein halbes Jahr seit Olivias Tod vergangen – hatte ich keinerlei körperliche Beschwerden; ich war selbst überrascht, wie wenig sich die Umstände auf meine Gesundheit auswirkten. Vor allem mein immer schon eher empfindsamer Magen war stabil geblieben. Bis ich kurz vor dem Abflug nach Kos Hackfleisch in heißem Öl und dazu einen sehr starken schwarzen Tee in einem libanesischen Lokal konsumierte. Es fing mit einem leichten Zwicken an und entwickelte sich innerhalb von Stunden zu einem krampfartigen und bald schmerzhaften Gefühl im Oberbauch. Danach fühlte ich mich den ganzen Urlaub über angeschlagen. Und das ausgerechnet auf meiner Abschiedstour als Fleischmensch.

In der Nähe unseres Appartements gab es eine Taverne direkt am Meer, die von außen touristisch und ein bisschen nach griechischem Standard-Food aussah. Aber dort kochte ein Verbund griechischer Frauen einfache Gerichte mit so viel Frische und Finesse, dass uns das für fast alle griechischen Restaurants in Deutschland für immer verdorben hat. Wir waren besessen von dieser Taverne, gingen teilweise zweimal am Tag dort essen, und doch ging es meinem Magen von Tag zu Tag schlechter.

Zurück in Deutschland, ließ ich zum ersten Mal im Leben

eine Magenspiegelung machen. Anschließend harrte ich zwei Wochen lang verunsichert des Befunds, der da kommen würde. Eine gewisse Angst vor Krebs war natürlich nicht mehr aus der Welt zu schaffen. Irgendwann rief mich mein Hausarzt an und verkündete den Befund: Da war nichts. Es war alles in Ordnung. Die zurückliegenden Wochen bestärkten mich dennoch in meiner Entscheidung, vegetarisch zu leben.

Was ich zu dem Zeitpunkt noch nicht ausreichend hinterfragt hatte und was vermutlich eine größere Mitschuld an meinem verkrampften Magen trug, war mein Zuckerkonsum. Ich liebte Schokoladen- und Karamellriegel aus den USA. Vor allem einen namens »*PayDay*« (»Abrechnung«), der mir an vielen Tagen der letzten Jahre pappsüßen Trost gespendet hatte. Irgendwann berichtete mir mein Freund Rüdiger zudem von einem Laden im Prenzlauer Berg, der sich auf internationale Süßigkeiten spezialisiert hatte. Ich war sofort angezündet und schlug ihm vor, dort eine Podcast-Folge aufzunehmen, in der jeder von uns zehn bis dato unbekannte Süßigkeiten aus dem Laden testen musste. Die Sendung war kurios, wir verfielen in einen Zuckerrausch und kicherten irgendwann nur noch. Danach aßen wir die Reste.

Noch am selben Abend fingen das Zwicken und die Krämpfe wieder an. Doch jetzt kam ein neues Symptom hinzu: Erschöpfung. Vor allem am Wochenende (wenn ich nicht arbeitete) überfielen mich Kopfschmerzen und eine bleierne Müdigkeit, dazu kamen ein Kältegefühl und Gliederschmerzen, sodass ich viele Samstage und Sonntage mit Wärmflasche auf der Couch verbrachte. In solchen Phasen fiel es mir auch zunehmend schwerer, Geduld in der Beziehung oder Erziehung aufzubringen; ich hatte das Gefühl, durch meine Erschöpfung eskalierten sämtliche zwischenmenschlichen Konflikte wie von selbst. War das die Abrechnung, der *payday*, für die Zuckerexzesse?

Ein paar Wochen später zog ich die Konsequenzen daraus: Ich kehrte zum zuckerfreien Intervallfasten zurück und versuchte zudem, weniger Kohlenhydrate zu mir zu nehmen. Zusätzlich ließ ich mir vom Hausarzt eine Großfamilienpackung »Pantoprazol« verschreiben. Bei dem Medikament handelt es sich um einen sogenannten Protonenpumpenhemmer, der die Bildung von Magensäure eindämmt. Man verwendet den Wirkstoff zur Behandlung von Magengeschwüren oder Entzündungen der Speiseröhre und schützt damit seinen Magen im Fall einer längerfristigen Einnahme bestimmter Schmerzmittel wie Ibuprofen. Ein paar Wochen lang waren die Tage nur dann auszuhalten, wenn ich mindestens eine Tablette davon nahm und ab spätestens 16 Uhr nichts mehr aß. Alarmiert ließ ich erneut eine Magenspiegelung durchführen, die dann eine Woche später endlich eine Diagnose nach sich zog. Auf die Indikation »Oberbauchbeschwerden« folgte der Befund: »Eine kleine axiale Hiatushernie, eine kleine rötliche, streifige Erosion im Ösophagus.«

Ich hatte natürlich keine Ahnung, was das genau bedeutete, aber mein Hausarztfreund aus Essen erklärte es mir so:

> Der Mageneingang wird nicht vollständig geschlossen, teilweise gleiten Anteile des Magens vor allem beim Liegen in den Raum oberhalb des Zwerchfells. Die Region am Speiseröhren-Magen-Übergang ist somit einem ständigen Reiz vor allem durch Rückfluss von Mageninhalt ausgesetzt. Einflüsse durch Stress oder Trauer spielen sicherlich auch eine Rolle.

Ich ahnte, dass die Tabletten keine endgültige Lösung waren – mittlerweile mehren sich Warnungen vor Knochenbrüchen oder Darminfektionen bei langfristiger Einnahme.[32] Fest stand auch deshalb: Der Zucker muss weg. Und das Gleiche galt auch für die

Kohlenhydrate, die Lebensmittel mit hohem Weizengehalt wie Toastbrot, Brötchen und Croissants. Damals etablierte ich eine Art Notfall-Ernährungsplan, der in Teilen heute noch Bestand hat:

Ich frühstücke nicht vor neun Uhr, selbst wenn ich um halb sechs aufstehe. Dann gibt es entweder ein Porridge mit Sesam oder Leinsamen und Obst (auf Fruchtzucker habe ich bisher noch nicht verzichtet, das wäre ebenfalls einen Versuch wert), Kokosjoghurt mit Haferflocken, *Overnight Oats* oder einfach nur ein Müsli. Danach gibt es maximal noch einen Vollkorntoast mit Erdnussbutter.

Zwischen 12 und 13 Uhr esse ich meistens zu Mittag. Wenn ich nichts aus dem vietnamesischen Restaurant um die Ecke hole (mein Gemüse-Rettungsreifen für den Tagesbedarf), koche ich mir Reis und Gemüse, mache mir ein Brot mit Tomaten oder esse Käse. Manchmal ist auch eine Tiefkühlpizza dabei. Highlight des Tages bleibt aber seit Jahren das Frühstück. Das mag daran liegen, dass ich oft nach 16 Uhr nichts mehr esse und damit 17 Stunden lang nüchtern bleibe. Dadurch wird jedes Frühstück zum Festessen.

Eine Zeit lang habe ich im Übrigen versucht, mich einer veganen Ernährungsweise anzunähern, aber obwohl es mir nicht besonders schwerfiel, hat es nicht lange gehalten. Hauptsächlich, weil ich gerne Käse esse, und wohl auch, weil ich für meinen Sohn einfach zu viele nichtvegane Lebensmittel im Haus hatte und zu bequem war, unsere Ernährungsweisen so radikal voneinander zu trennen.

Vier Monate nach dem Befund der Magenspiegelung konnte ich die »Pantoprazol«-Dosis verringern und es nach einem halben Jahr ganz absetzen. Das ist deutlich länger, als jede Apotheke empfiehlt, aber ich brauchte viel Zeit, um nicht nur die Magenkrämpfe zu überwinden, sondern auch dieses permanente Gefühl der Erschlagenheit. Ein weiteres halbes Jahr später erlaubte ich mir wieder, sporadisch zu Abend zu essen; besonders nach den diversen Lockdowns war es wunderbar, im Sommer irgendwo in Neukölln oder Schöneberg draußen vor dem Restaurant zu sitzen und in die Nacht hinein zu essen.

Bis heute kehren diese Magenprobleme immer mal wieder zurück, wenn auch in abgeschwächter Form. Ich werde wohl nie wieder so sorglos und unbedacht essen können wie vorher. Es ist sicher kein Zufall, dass die Probleme verstärkt rund um Olivias Geburtstag und Todestag auftauchen. Dann hilft alles nichts, und ich muss mich wieder einschränken, Zucker komplett aus meinem Leben verbannen (selbst bei Fruchtzucker gilt Vorsicht). Einen unempfindlichen Magen werde ich in diesem Leben vermutlich nicht mehr haben.

Zum Glück gibt es jede Menge Snacks, die nicht sofort in die Zuckerabhängigkeit führen und die sogar unmittelbar antidepressiv wirken. Bananen und dunkle Schokolade (ab 70 Prozent) heben nachweislich den Serotoninspiegel, der bei einem Trauerfall in der Regel ins Bodenlose sinkt. Zusätzlich kann man sich mit Nahrungsergänzungsmitteln oder sogenannten Mikronährstoffen behelfen, so wie ich das getan habe. Man findet sie in Form von Vitamintabletten in Apotheken oder Drogeriemärkten. Nachdem ein Hausarzt in meinem Blutbild einen erheblichen Vitamin-D-Mangel festgestellt hatte, riet er mir vor allem im Winter (man nennt Vitamin D auch das »Sonnenvitamin«) zu Vitamin-D-Präparaten, um mich vor Depressionen zu schützen. Auch ansonsten liest sich die Liste mit Vitamin-D-Mangelerscheinungen eher unschön: Depression, Krebs, Herz-Kreislauf-Erkrankungen, Atemwegserkrankungen, Stoffwechselerkrankungen und Autoimmunerkrankungen. Doch auch hier gibt es zu viel des Guten, man sollte sich bei jedem Ergänzungsmittel oder Mikronährstoff dringend über notwendige Tagesdosierungen informieren.

Es kommt heute viel seltener als früher vor, dass ich krank werde, und auch die Magenprobleme sind deutlich weniger geworden. Es könnte also schon was dran sein an der gesunden Ernährung. In jedem Fall habe ich durch das Fasten und die Umstellungen gelernt, dass ich nicht jedem Impuls meines Körpers sofort nachgeben muss. Ich bin sein Boss – auch in einer Zeit der Trauer und emotionalen Erschöpfung.

Bei allem Willen zur Abstinenz und Askese sei natürlich nie davon abgeraten, es auch mal krachen zu lassen und hemmungslos zu essen, wenn Bauch und Kopf darum bitten. Nicht umsonst spielt Essen auch in Trauerbräuchen eine ganz beträchtliche Rolle, etwa bei der bereits erwähnten *Schiv'a*, der jüdischen Trauerwoche, in der Angehörige über mehrere Tage der trauernden Familie Lebensmittel bringen, für sie einkaufen, für sie kochen. Nicht nur, um sie auf andere Gedanken zu bringen, sondern auch, weil Trauer schwächt bis lähmt und oft die Kraft fehlt, sich Essen zu besorgen oder zu machen. Mag sein, dass manche Leute keinen Bissen hinunterbekommen, wenn sie traurig sind. Ich habe umso mehr Hunger und greife zu Lebensmitteln, die direkt auf mein Belohnungszentrum abzielen und mich auch geradewegs zurück in die Zuckerabhängigkeit schicken können: Zimtschnecken, Haselnusscreme-Sandwiches, Schoko- und Karamellriegel, Gummibärchen. Ich würde behaupten, im Einzelfall war das Über-den-Haufen-Werfen meiner Ernährungsprinzipien fast genauso überlebenswichtig wie die Prinzipien selbst.

Die Erfahrung von Essen ist in den meisten Fällen per se eine positive. Essen kann Eskapismus sein, als Heilmethode, aber auch der Erinnerung dienen. In ihrem Buch *Crying in H Mart* (dt. *Tränen im Asia-Markt*) erinnert sich die Musikerin und Autorin Michelle Zauner anhand all der Gerichte an ihre verstorbene koreanische Mutter und schreibt über sie:

> *I could always feel her affection radiating from the lunches she packed and the meals she prepared for me just the way I liked them.*[33]

Auch ich erinnere mich öfter via Essen an Olivia. Ich weiß noch, dass sie im Krankenhaus oft eine bestimmte Packung Gruyère aus dem Supermarkt wollte, der mir eigentlich ein bisschen zu intensiv riecht, aber zum Sinnbild der Wehrhaftigkeit unserer Tochter geworden ist. Sie hat gerne gegessen – sicher auch häufig gegen die Angst und die Ungewissheit.

9

Geteiltes Leid: Gruppenarbeit

Ich habe mich lange geweigert, an den Treffen einer Trauergruppe teilzunehmen. Es war nicht nur so, dass ich dieser Art der Trauerarbeit aus dem Weg gegangen bin, ich habe mich sogar regelrecht dagegen gewehrt. Schon nach dem Tod unseres Babys wurde mir von Ärzten und Psychologen eine Trauergruppe ans Herz gelegt, und auch während Olivias Krankheit kam immer wieder der Vorschlag, ich solle mich doch mit anderen betroffenen Eltern vernetzen.

Meine Ex-Frau hat das mehrmals probiert und unterschiedliche Erfahrungen gemacht. Ich selbst fand allein die Vorstellung bedrückend. Nicht, dass ich Hemmungen gehabt hätte, über Krankheit oder Tod meiner Kinder mit Fremden zu sprechen; ich hatte aber die Befürchtung, das große Maß an Trauer und Bedrückung könnte zu viel für mich sein. Angst davor, überhäuft zu werden. Dazu kommt, dass ich niemand bin, der sich in größeren Gruppen besonders wohlfühlt. Dennoch habe ich mich in den letzten Jahren ein paarmal überwunden und an Gruppengesprächen teilgenommen, die mir geholfen haben oder an die ich mich zumindest lange erinnern werde. Habe Menschen getroffen, die ich sonst nie getroffen hätte.

Eine Gruppenerfahrung bewirkt etwas anderes als Einzelgespräche oder eine Einzeltherapie. Sie erzeugt ein Zusammengehörigkeitsgefühl, eine soziale Dynamik, die einem wenigstens vorübergehend das Gefühl von Einsamkeit oder sogar einer gewissen sozialen Ächtung nehmen kann. Die eigene Trauer wird hier nicht nur verstanden, sondern wertgeschätzt. Willkommen geheißen.

Die Website *therapie.de* arbeitet weitere Vorzüge heraus: Eine Gruppe vermittle die »Hoffnung (…), dass die psychischen Probleme bewältigt werden können«. Diese Bewältigung wird im Idealfall von anderen Gruppenteilnehmer:innen demonstriert; so wird ein Vorbild, ein erreichbares, sichtbares Ziel geschaffen. Durch die Öffnung in der Gruppe und den Austausch der Erfahrungen inklusive Feedback würden das »Selbstwertgefühl gestärkt« und »neue Bewältigungsstrategien« entwickelt. Die Betroffenen lernten, »sich in andere einzufühlen«.[34]

Zwei Punkte möchte ich hinzufügen: Trost und Verständnis aus der Gruppe wirken in der Regel authentischer als der Zuspruch vonseiten der geschulten Therapeut:innen. Zudem ist es deutlich einfacher, einen Platz in einer Trauergruppe zu bekommen als in einer Einzeltherapie, zumindest wenn sie von der Krankenkasse bezahlt werden soll.

Der Mensch ist ein Vergleichswesen, das sich immer wieder im sozialen Kontext definieren muss. In einer Gruppe festzustellen, dass die eigene Geschichte die schlimmste der Runde ist oder dass es noch schlimmere Schicksale gibt, kann in beiden Fällen eine tröstende oder auch rückversichernde Wirkung haben. Man erkennt an der Reaktion der anderen, dass die eigene Trauer gerechtfertigt ist. Das Einzelschicksal wird für kurze Zeit zu einem Gruppenschicksal.

Eine Gruppe bietet – sofern man sie regelmäßig besucht – eine andere Art von Rückmeldungskultur als Einzelgespräche. Durch verschiedene Reaktionen unterschiedlicher Teilnehmer:innen erhält man diverse Sichtweisen, man spiegelt sich in mehr als nur den eigenen Worten und denen eines Therapeuten oder einer Therapeutin. Eine Gruppe taucht auch automatisch freier und praktischer in Problembewältigungsstrategien ein und tauscht sich dazu aus, ohne vorsichtig die individuelle Befindlichkeit der einzelnen Leidtragenden zu berücksichtigen. Es geht also alles ein wenig schneller. Und womöglich hemdsärmeliger. Das hängt unter anderem davon ab, ob eine Trauergruppe von Betroffenen geleitet wird oder von ausgebildeten Therapeut:innen. Diese Hemdsärmeligkeit ist Fluch und Segen zugleich, würde ich behaupten. Denn nichts ist nahbarer als der reale Umgang mit Trauer am Beispiel der anderen; gleichzeitig ist Trauer eine so hyperindividuelle und komplexe Angelegenheit, dass man sich hier auch leicht falsche Strategien aneignen kann, die nicht der eigenen Verfassung entsprechen, oder dass eine Gruppendynamik entstehen kann, in der man sich nicht wiederfindet.

Ich erinnere mich noch sehr deutlich an die Schicksale unserer Zimmergenoss:innen auf der kinderonkologischen Station. Als Olivia während ihrer Chemotherapie im Krankenhaus war, lagen wir in fast jeder einzelnen Phase neben einem anderen krebskranken Kind im Zimmer. Es waren unterschiedliche Arten von Krebs, manchmal unheilbar, manchmal mit guten Heilungschancen. Fast immer mit überforderten, aber liebenswerten Eltern, Omas, Opas, manchmal riesigen Gruppen von Angehörigen, mit Eltern, die viel erzählten, wenig erzählten, kein Deutsch konnten. Manchmal lagen wir neben Kindern, die sich permanent übergaben, manchmal war es *unsere* Tochter, die dadurch nachts alle Anwesenden im Zimmer aufweckte. Manchmal weinten die Kinder, manchmal weinten die Eltern. Natürlich tauschte man sich aus, unterhielt sich über die Kinder und ihre Tumorarten.

Da war diese eine Familie in Essen, wo wir neben der Bestrahlung noch die letzte Phase der Chemotherapie auf einer völlig überfüllten Station auf uns nehmen mussten. Ein Baby lag neben uns, bei dem direkt nach der Geburt ein Tumor hinter dem Auge festgestellt worden und das schon nach wenigen Wochen für immer erblindet war. Ich sehe heute noch die weinende Mutter vor mir, den sprachlosen Vater und das enge Krankenzimmer.

Solche Begegnungen haben mich sehr bestürzt. Ich konnte dadurch erst recht erfassen und gleichzeitig nicht fassen, wie brutal diese Krankheit ist. Statistisch gesehen erkranken in Deutschland »nur« 2000 Kinder pro Jahr an Krebs, und 80 Prozent davon können geheilt werden, schreibt die Deutsche Krebsgesellschaft auf ihrer Website.[35] Umso sinnloser erscheint es einem, wenn das eigene Kind zu den 20 Prozent gehört. Oder das der anderen Eltern. Mich haben diese Gespräche mit anderen Eltern oft in noch tiefere Sinnkrisen gestürzt, vielleicht habe ich auch deshalb lange Zeit Gruppen gemieden.

Drei Jahre nach Olivias Tod wollte ich dann aber doch eine Gruppenerfahrung machen. Ich hatte das Gefühl, mich sonst vor etwas zu drücken, und da war auch die vage Hoffnung, dass es mir vielleicht doch irgendwie weiterhelfen würde.

Ich habe letztlich zwei Gruppen besucht. Beide habe ich im Internet gefunden. Bei der ersten handelte es sich um eine offene Trauergruppe in einem benachbarten Stadtteil von Berlin, die speziell für verwaiste Eltern eingerichtet worden war, unabhängig davon, wie lange der Tod der Kinder schon her war.

Das Treffen fand an einem Freitagabend im Juni statt. Ich hatte zwar keine anderen Pläne, aber als ich auf dem Weg dorthin mit dem Fahrrad an vollen Straßencafés, Restaurants und Kneipen vorbeifuhr, wünschte ich mir plötzlich, ich hätte etwas

Besseres vor, als mich an diesem Sommerabend mehr als zwei Stunden lang intensiv mit meiner Trauer und der von Fremden auseinanderzusetzen.

Als ich ankam, saßen bereits ein paar verstreute Eltern auf den Fensterbänken rund um das Gebäude, und ich sah die Leiterin und den Leiter der Gruppe vor der Eingangstür rauchen und plaudern. Ihn, einen älteren Mann mit Kinnbart und abgeschnittenen Jeans, fragte ich, was ich jetzt als Nächstes tun müsse, und er meinte mit großer Bestimmtheit, man *müsse* hier gar nichts.

Im Gruppenraum selbst waren zehn Stühle in Kreisform aufgestellt worden, in der Mitte lag eine Art weißes Ziertuch, darauf Blumenblüten und kleine Kerzen. Ein jüngeres Pärchen saß schon da, beide in tiefes Schweigen versunken. Zumindest bis sich eine weitere Frau dazugesellte, ganz in Schwarz, sportlich wirkend, auf ihr Äußeres bedacht, sichtbar nervös. Die Frau und das Pärchen tauschten sich über die Maskenpflicht und den heißen Junitag aus, dann schwiegen alle wieder. Der Kreis füllte sich nun überwiegend mit Frauen. Neben mir nahm der ältere Mann mit dem Bart Platz. Ich nenne ihn hier Dieter. Er eröffnete den Abend mit der Bitte, dass sich alle kurz vorstellten. Und ihren Trauerfall. Er selbst erzählte davon, wie sein zehnjähriges Kind vor über dreißig Jahren bei einem grotesken Unfall im Urlaub überfahren worden war. Dann war ich dran. Im Vorgespräch am Telefon hatte ich gegenüber der Leiterin noch unsere beiden toten Kinder erwähnt, doch plötzlich erschien mir das zu komplex. Tatsächlich war es auch nicht mein Anliegen, über beide Kinder zu sprechen – ich war ja noch nicht einmal sicher, ob Olivia das Anliegen war oder einfach nur meine Angst, ein wichtiges Puzzleteil der Trauerarbeit ausgelassen zu haben.

Ich stellte mich also vor, zündete eine Kerze für Olivia an und nannte ihren Namen. Es fiel mir nicht schwer, von ihr zu erzählen, aber ich verspürte auch nicht den Wunsch, ins Detail zu gehen.

Dann waren die anderen dran. Der Sohn einer äußerst gepflegten Frau neben mir war mit Mitte dreißig an einer rätselhaften Magenentzündung gestorben. Schon in den ersten Sätzen erwähnte die Frau seinen Partner und wie glücklich die beiden zusammen gewesen seien. Sie wirkte traurig, aber auch sortiert, als sie uns davon erzählte. Die tätowierte Frau neben ihr machte hingegen einen sehr erschöpften Eindruck, als sie davon berichtete, wie ihr erwachsener Sohn von seinem jüngeren Bruder tot aufgefunden worden war. Überdosis. Dann kam die Leiterin zu Wort. Ihr Sohn war vor fast zwanzig Jahren als Kind an Krebs gestorben. Neben ihr saß eine Frau, die ihr Kind vor längerer Zeit kurz nach der Geburt verloren hatte und den Verlust jetzt erst begriff, wie sie sagte.

Anschließend war das Pärchen an der Reihe. Eine Tochter der Frau war vor den Augen der Mutter von einem Auto überfahren worden. Erst zwei Monate waren seitdem vergangen. Der anwesende Mann war der Stiefvater des toten Kindes und dessen jüngerer Schwester. Er versuchte mit jeder Geste und jedem Blick auszudrücken, dass er für seine Partnerin hilfreich sein wollte, und konnte gleichzeitig nicht seinen immensen eigenen Schmerz verbergen. Nicht nur ich, die ganze Gruppe war äußerst schockiert von dieser Geschichte, vor allem davon, wie frisch sie war.

Danach war die sportliche, in Schwarz gekleidete Frau dran, und auch bei ihr war es erst ein paar Monate her, dass ihre elfjährige Tochter ums Leben gekommen war. Ein von der Mutter selbst verschuldeter Tod, wie sie mehrmals betonte.

Bevor wieder jemand aus der Gruppe zu Wort kam, kehrte für eine knappe Minute Schweigen ein. Wir alle verdauten erst einmal diese lebenszersetzenden Geschichten, die wir gerade – auf zwanzig Minuten komprimiert – gehört hatten. Ich hätte auch gerne noch länger geschwiegen, aber Dieter schien, trotz seiner Gruppenerfahrenheit, die Stille nur schwer auszuhalten; womöglich fühlte er sich auch in seiner Rolle als Leiter auf den Plan gerufen und wollte einen strukturierten Resonanzraum schaffen, bevor der Stille zu viel Bedeutung zukam.

»Jeder trauert anders«, resümierte er, bevor er noch mal von seinem Sohn und dessen Unfall im Sommercamp vor so vielen Jahren berichtete. Dieter besuchte diese Gruppe schon seit fast zwanzig Jahren, sie sei für ihn wie eine Therapie, selbst wenn er sie seit langer Zeit leite. Dass er so häufig das Wort ergriff, störte mich. Dabei hatte ich mir vorgenommen, niemanden in der Gruppe zu bewerten. Und auch nicht die jeweilige Problematik. Doch der Prozess war nicht mehr aufzuhalten. Statt die anderen einfach nur erzählen zu lassen, überlegte ich bald, wie man ihre Situation verbessern, wie man die Gruppendynamik optimieren könnte, wer noch mehr Gesprächsanteile verdient hätte, bei wem man etwas genauer nachfragen könnte und wer vielleicht sogar weniger Ansprache brauchte. In meinem Kopf fing ich an, die Gruppe zu leiten. Vielleicht war das meine Art, mich gegen dieses unendliche Maß an Traurigkeit zu verteidigen, das hier herrschte (und ja auch herrschen durfte). Das immense Maß an Resignation. Es blieb an dem Abend lange hell draußen, die Fenster waren gekippt, und trotzdem habe ich das Zimmer als dunkel in Erinnerung und die Luft als knapp. Solch eine kollektive Bedrückung hatte ich selten erlebt.

Dieter hingegen beschrieb die monatlichen Gruppentreffen als ein »Akku-Aufladen«, und auch die anderen Teilnehmer:innen schienen in dieser gemeinschaftlichen Trostlosigkeit nicht nur Trost, sondern zum Teil sogar eine Art Entspannung zu finden; die Körpersprache mancher deutete das an. Fehlte mir einfach nur die Praxis? Warum fühlte sich das für mich beinahe erstickend an?

Die Stimmung änderte sich jäh, als die Frau in Schwarz explizit darüber sprach, dass sie schuld am Tod ihrer Tochter sei, weil sie ihre Aufsichtspflicht verletzt habe – und das, obwohl sie ihr Kind auf Schritt und Tritt begleitet habe. Noch nicht mal in die Kita oder zu den Großeltern habe sie es gegeben und es nachts im Schlaf beobachtet, aus Angst, es zu verlieren. Die Frau klang an jenem Abend so verzweifelt, dass man ihr auf der einen Seite sofort glaubte, als sie sagte, sie würde ohne ihre anderen Kinder nicht mehr existieren, es sei die letzte verbleibende Aufgabe in ihrem Leben; auf der anderen Seite hatte ihre zutiefst resignative und autoaggressive Rede auch etwas von einer Befreiungsaktion an sich. Vielleicht musste sie gerade in diesem Rahmen ihren schlimmsten Schmerz und ihre tiefsten Schuldgefühle heraufbeschwören, um anfangen zu können, sie zu verarbeiten. Ich wüsste gerne, was aus ihr geworden ist. Es wäre sicherlich interessant gewesen, zu sehen, wie sie sich innerhalb der Gruppe weiterentwickeln würde, denn auch das betonte sie mehrmals vehement: Sie wolle dabeibleiben, es sei so schwer, eine gute Gruppe, überhaupt einen Platz zu finden.

Der lange und düstere Monolog der Frau machte Eindruck. Die Dynamik war jetzt eine andere: Wir alle wollten der Frau helfen. Die Leiterin fühlte sich genötigt, darauf hinzuweisen, dass wir uns sicher *alle* schuldig fühlten am Tod unserer Kinder. An dieser Stelle widersprach ich vielleicht ein bisschen zu vehement. Nicht weil ich nicht auch so etwas wie Schuldgefühle kannte, sondern weil ich fand, dass man gerade in diesem speziellen Fall mit Kollektiv-Weisheiten nicht weiterkam – man wusste ja gar nicht, wie real die Schuld oder Unschuld der Frau am Tod ihres Kindes war. Allerdings fragte ich mich noch während meines Widerspruchs, warum er mir so wichtig war. Es ging ja nicht um mich. Warum konnte ich den vielleicht etwas unbeholfenen, aber ernsthaften Versuch der Leiterin, die Frau in Schwarz zu beruhigen, nicht einfach so stehen lassen? Überhaupt hatte ich in den zweieinhalb Stunden oft das Gefühl, etwas so nicht stehen lassen zu können. War das Ausdruck meiner Hilflosigkeit? Konnte ich die Trauer der Gruppe nicht so hinnehmen, weil ich sie in all ihrer Ausweglosigkeit nicht aushielt?

Die gut gekleidete Frau neben mir, deren Sohn an einer mysteriösen Magenentzündung gestorben war, erzählte von den anderthalb Jahren nach seinem Tod. Sie hatte nicht mehr rausgehen können, hatte aufgehört zu arbeiten, nicht mehr richtig geschlafen. Der Partner ihres Sohnes war nunmehr zu einer Art Adoptivsohn geworden. Sie sprach davon, wie diese Gruppe ihr geholfen hatte und dass es ihr mittlerweile tatsächlich ein klein wenig *besser* gehe. Daraufhin passierte etwas für meinen Geschmack Seltsames. Die Leiterin richtete das Wort an die Gruppe: »Ja, die Dinge verändern sich, wir verändern uns. *Besser* wird es nicht, aber *anders*. Wir lernen, damit umzugehen.«

Ich konnte mich nicht zurückhalten, ich musste nachfragen, warum es ihrer Meinung nach ausgeschlossen sei, dass es *besser* würde. Scheute sie die Vokabel »besser«, um keine falsche Hoffnung zu wecken, wie ein Arzt, der sich nicht auf eine baldige Genesung festnageln lässt? Oder warum wehrte sie sich förmlich gegen eine positive Perspektive? Warum durfte nicht auch eine Progression in Aussicht gestellt werden? Gleichzeitig fragte ich mich, warum mich das so provozierte, dass ich folgenden Satz äußerte:

»Ich mag dieses urdeutsche Festhalten am Traurigen und Hoffnungslosen nicht.«

Ob es ein entsprechendes Kulturphänomen überhaupt gibt, sei dahingestellt, aber vor allem wurde mir, gleich nachdem dieser Satz meine Lippen verlassen hatte, Folgendes bewusst: Egal, was ich von der Gruppe hielt, egal, wie sehr mich ihre unglaublich traurigen Geschichten lähmten, in mir Mitleid oder Widerstand erzeugten – diese Sitzung arbeitete massiv an mir. Ich versuchte offensichtlich verzweifelt, all dem eine Struktur zu geben, dort, wo keine war und auch keine sein musste. Die Identität dieser Gruppe und ihrer Mitglieder war die gemeinsame Trauer, um Heilung ging es erst mal nicht. Das konnte ich offensichtlich nur schwer aushalten. So schwer, dass ich offensichtlich durch meinen Widerspruch auffallen wollte.

Dennoch war ich zu dem Entschluss gekommen, dass ich mich nicht in diesem Maße über meinen Schmerz definieren wollte. Ich dachte: Ich gehe anders mit meiner Trauer um als die anderen hier, ich fühle mich nicht als Teil der Gruppe. Woher dieser Wunsch nach Distinktion genau kam, weiß ich bis heute nicht. Vielleicht wollte ich mir selbst Hoffnung machen, dass ich besser mit meiner Trauer umgehen könne als andere, auch wenn ich das natürlich nicht wissen kann und allein der Vergleich schon ein Affront gegen die Gruppenmitglieder ist. Ich erinnere mich aber deutlich, dass ich mich eingesperrt fühlte in Kalenderwahrheiten über die Trauer, in dieser erdrückenden Hoffnungslosigkeit.

Gegen Ende ergriff Dieter dann nochmals das Wort und erzählte, dass er auf die Frage, wie viele Kinder er habe, lange nur »eins« geantwortet habe. Dass das aber falsch sei. Denn er habe ja zwei, auch wenn eins davon tot sei. Ich wollte einwerfen, dass ich das anders handhabe, ließ es aber bleiben. Dann blies ich die Kerze für Olivia aus und ging schnell zur Tür, die allerdings verschlossen war. So war ich gezwungen, noch für ein paar Minuten mit allen Teilnehmer:innen im Eingangsbereich auszuharren, bis uns jemand aufschloss. Es war erstaunlich: Eben noch hatte ich die Stimmung im Raum als zentnerschwer empfunden, doch hier in diesem Eingangsbereich, in dem uns nur noch die Glastür von der warmen Juninacht trennte, hatte die Normalität uns alle schon einigermaßen wieder. Innerhalb von Sekunden gab es wieder Small Talk, die Tränenspuren waren bei fast allen verschwunden; plötzlich fühlte ich auch keinen so großen Widerstand mehr gegenüber den anderen und schämte mich sogar etwas dafür, wie wenig urteilsfrei ich den anderen zugehört hatte. Als uns Dieter dann endlich in die warme Nacht hinausließ, empfand ich ein Gefühl der Befreiung, war froh, dass ich es hinter mir hatte. Ich fühlte mich ganz gut. Vielleicht war das der Effekt, den Dieter, den die Gruppe lange vor mir verstanden hatte.

Ein weiteres Jahr verging, bis ich mich in die nächste Gruppe traute. Wobei das Angebot auch nicht ganz so niedrigschwellig war, denn das Treffen fand in demselben Hospiz statt, in dem Olivia gestorben war. Was es für die Teilnehmer einfacher machen sollte, aber mich zunächst stutzig machte: Es handelte sich vorsätzlich um eine reine Männergruppe. Am Telefon hatte ich einen der Leiter – selbst ein betroffener Vater – gefragt, warum der Gesprächskreis nur aus Vätern bestehe. Er antwortete mir, dass sich die meisten Trauergruppen fast ausschließlich aus Frauen zusammensetzten und dass sich Väter unter ihresgleichen viel eher trauten, über ihre Erfahrungen zu sprechen.

Ich musste mich überwinden, noch mal die Räumlichkeiten des Hospizes zu betreten, aber Ende Februar setzte ich mich dann in die Bahn und fuhr zurück zu jenem letzten Ort unserer

Geschichte, den ich jahrelang gemieden hatte. Als ich vor dem Hospiz stand, blieb mir buchstäblich ein bisschen die Luft weg. Ich wanderte noch ein paar Minuten lang im Viertel umher, dann ging ich durch die Glastür in das Foyer mit warmem, beigefarbenem Licht und bekam wieder mehr Luft.

Es war eine eher kleine Gruppe, der ich an diesem kalten und verregneten Freitag begegnete. Da saßen außer mir noch fünf Leute, zwei davon waren Gruppenleiter: ein betroffener Vater und ein ausgebildeter Psychologe. Ich stellte mich als Autor und Journalist vor, der auch ein Buch über Trauerarbeit schreibe, und merkte schnell, wie dadurch sofort ein gewisses Misstrauen geweckt wurde, trotz meiner Versicherung, keine Einzelschicksale oder Namen in meinem Buch zu verwenden. Ich verstand, aber bedauerte die Skepsis, denn ich selbst fühlte mich erstaunlich wohl in dem Kreis. Obwohl ich dem Label »Männergruppe« eher argwöhnisch gegenübergestanden hatte, entsprach mir diese Trauergruppe eindeutig mehr als die gemischte. Ich erzählte detailreicher von meiner Geschichte und empfand auch nicht die Notwendigkeit, die Struktur der Gruppe verändern oder irgendwie eingreifen zu müssen. Stattdessen hörte ich ganz ruhig zu und wollte den anderen das Gefühl geben: Ich bin dankbar für eure Geschichten. Ich mag euch. In der Gruppe war auch ein Vater, den ich zuvor zwar nicht persönlich gekannt hatte, dessen Kind aber gleichzeitig mit Olivia im selben Krankenhaus gewesen und sogar ungefähr zur selben Zeit an derselben seltenen Tumorart gestorben war. Ich hätte mich sehr gerne weiter mit ihm ausgetauscht. Überhaupt war ich schon kurz nach diesem Treffen sicher, dass ich auch weiteren beiwohnen wollte, dass ich Lust hatte, die Gruppe näher kennenzulernen. Vielleicht war es die Parallelität mancher Schicksale, vielleicht war es tatsächlich der Austausch unter Männern, vielleicht war es das Hospiz – ich hatte jedenfalls das Gefühl: Hier bin ich richtig.

Nur leider teilten nicht alle dieses Gefühl. Ausgerechnet in der Woche des vierten Todestags unserer Tochter, in der ich traditionell deutlich sensibler als sonst bin, erreichte mich eine eher förmliche Mail, in der mir erklärt wurde, dass ich als über Trauerarbeit schreibender Autor und Journalist mit »Verwertungsinteresse« eine »ungute Kontextmischung« für die Gruppe darstelle. Wie gesagt, ich kann das Dilemma der anderen natürlich nachvollziehen, schließlich schreibe ich ja wirklich hier über sie, aber ich war dennoch enttäuscht. Ich hatte mich zum ersten Mal in einer Gruppe einigermaßen aufgehoben gefühlt. In einer Antwortmail äußerte ich sachlich, aber auch ehrlich sowohl mein Verständnis als auch meine Enttäuschung über die Entscheidung. Einer der Leiter rief mich letztlich an, und das Telefonat hat zu einem besseren Einvernehmen zwischen uns beigetragen. Ich brauchte dennoch ein paar Tage, um den »Rauswurf« wegzustecken. Vielleicht muss erst noch eine gewisse Zeit vergehen, und vielleicht wird es auch nicht im Kreis verwaister Eltern stattfinden, aber ich werde mich bestimmt in Zukunft wieder mal einer Gruppe anschließen. Kann sein, dass ich nicht mehr dasselbe Maß an kollektivem Trost und Verständnis brauche, aber allein das Zusammentreffen so unterschiedlicher Menschen mit ihren verschiedenen Arten zu trauern öffnet mich für neue Ideen, wie ich mit meiner eigenen Trauer umgehen kann.

10

The Cool Touch of Dispassion: Trauer in Beziehungen

Ein paar Wochen vor Olivias Krebsdiagnose führte ich mit meiner damaligen Frau ein langes Gespräch. Wir mussten anerkennen, dass unsere Ehe Risse bekommen hatte. Dass wir etwas unternehmen mussten, um die Beziehung zu bewahren oder sie zumindest kognitiv anders zu gestalten. Ich glaube, dass wir unter anderen Umständen dieses Perspektivengespräch noch einigermaßen rechtzeitig geführt hätten. Ich will nicht behaupten, dass wir heute noch zusammen wären, aber wir hätten unser Miteinander vielleicht ein bisschen besser steuern können.

Doch in dem Moment, als ich an jenem Freitagabend Anfang August ans Telefon ging und mir meine Frau erzählte, dass die Ärzte einen Tumor in Olivias Kopf gefunden hätten, wurde uns auch die Kontrolle über unsere Beziehung entrissen. Ich kann mich an viele Momente erinnern, in denen ich gedacht habe: Eigentlich müssten wir dringend über uns reden. Doch dann erschien mir allein die Vorstellung unendlich anstrengend – angesichts der anstehenden Nächte im Krankenhaus und der Wochen, die wir für die Strahlentherapie in Essen verbringen mussten. Mit jenem Anruf wurde unsere Ehe zum Sondereinsatzkommando für unsere beiden Kinder. Was uns auf der einen Seite zwar als Familie zusammenschweißte, aber auf der anderen Seite auch separierte. Wir wechselten uns im Krankenhaus ab, auf der Intensivstation, bei der Bestrahlung, in der Tagesklinik, bei den Hausaufgaben mit unserem Sohn und am Ende auch beim Schlafen. Immer seltener waren wir zu zweit, immer unpraktikabler und irrealer wurde gemeinsames Ausgehen oder wenigstens gemeinsames Fernsehen. Dazu gab es fast keine Gelegenheiten mehr, aber vor allem fehlten die Kraft und der Wille, Gelegenheiten zu organisieren. Wir hatten auch so schon genug Organisationsarbeit. Nur am Sonntag, wenn Olivia nicht gerade in der Klinik war, unternahmen wir gemeinsame Ausflüge, aber dann als Familie, nicht mehr als Paar. Unsere Existenz als Paar endete gewissermaßen mit dem Anruf.

Ich war in den Tagen zuvor ein paarmal mit Olivia beim Arzt gewesen, weil sie sich morgens auf nüchternen Magen übergeben hatte und ständig den Kopf schief hielt, doch letztlich hatte man uns aus Ratlosigkeit ins Krankenhaus geschickt. Den dortigen Termin übernahm dann meine Frau.

Ich glaube, dass ich fast unwirsch auf ihren Anruf reagierte, so als könnte meine Frau etwas dafür, als hätte sie mit der Entscheidung, ins Krankenhaus zu gehen, für diese Diagnose gesorgt. An die folgende Stunde kann ich mich bis heute nicht erinnern. Ich frage mich immer noch, was genau und wie ich es meinem Sohn erzählt habe. Auch er kann sich nicht entsinnen. Meine Erinnerung setzt erst wieder in dem Moment ein, als ich mit dem Fahrrad auf der belebten Müllerstraße zum Virchow-Klinikum fuhr, wo Olivia inzwischen aufgenommen worden war, um sie auf die kommende Notoperation vorzubereiten. Es war ein warmer Freitagabend, alle waren draußen, und ich dachte: Aus dieser Ehe wird vielleicht nichts mehr. Neun Monate später haben wir uns getrennt.

Bis heute verbindet uns die Trauer um Olivia – sie formt ein starkes Band. Damals waren wir allerdings so überrumpelt von der furchtbaren Nachricht und ihren Konsequenzen, dass wir uns fast instinktiv in individuelle Bewältigungsstrategien zurückzogen, statt das Miteinander zu suchen. Schließlich fiel dieser Schock ja auf einen Boden der Angst, den der Tod unseres ersten Kindes bereitet hatte. Es war fast Irrsinn, sich eingestehen zu müssen, dass sich all unsere Befürchtungen bezüglich weiterer Kinder von einem Tag auf den anderen bewahrheitet hatten.

Schon damals fühlten wir eine enorme Trauer über das Ende unserer Familie in ihrer bisherigen Form, auch wenn wir noch nicht genau wussten, dass wir uns trennen würden oder dass unsere Tochter drei Jahre später sterben würde. Doch ich denke, wir beide ahnten, dass die heile Welt, die wir uns wie alle hatten bauen wollen, nach diesem Freitag im August eingerissen war, egal, wie sehr wir versuchten, sie zusammenzuhalten, und egal, wie viel Kraft wir für sie aufwendeten. All diese Gewissheiten und Vorahnungen raubten uns den Atem. Im Grunde gelangten wir in jenem Moment zu der unausgesprochenen Übereinkunft, dass wir ab jetzt sämtliche Kräfte für die Kinder bündeln mussten und die Rettung der Ehe hintenanstand. Oder besser: hintenüberfiel. Obwohl wir allen Grund hatten, gemeinsam zu trauern, blieb dazu keine Zeit; unsere Autopiloten übernahmen, und die hatten kein Programm für die Umgehung von Beziehungsproblemen.

Als im darauffolgenden Jahr die Bestrahlung in Essen vorbei und Olivia vorerst krebsfrei war, trennten wir uns. Auf Initiative meiner Frau. Zunächst war ich verwirrt, denn eigentlich – so dachte ich – hatten wir das Gröbste doch hinter uns. Ich hielt eine Trennung für verfrüht: War es nicht ein günstiger Zeitpunkt, noch mal einen Versuch zu unternehmen, etwas zu reparieren, eine Paarberatung aufzusuchen? Doch im Verlauf unserer Gespräche sah ich ein, dass wir beide immer noch ziemlich kraftlos waren, und ich verstand, dass die Trennung auch ein Befreiungsschlag für meine Frau war, der ihrem dringenden Wunsch entsprach, nicht noch mit einem weiteren scheinbar unlösbaren Problem kämpfen zu müssen. Eine Maßnahme, die sie selbst ergreifen konnte, statt immer nur zu reagieren. Anfangs war ich zwar gegen eine Trennung und argumentierte hauptsächlich im Sinne der Kinder, doch ich erkannte auch, dass uns etwas abhandengekommen war. Mir war aber ebenso klar, dass wir den Zusammenhalt als Familie trotzdem noch aufrechterhalten konnten, wenn wir uns darauf konzentrierten und unseren gekränkten Egos nicht immer die größte Beachtung schenkten. Innerhalb von wenigen Tagen suchten wir eine Paarberaterin der Caritas und eine Mediatorin auf, nur um letztlich bei der Entscheidung zu bleiben. Egal, wie plausibel ich sie fand und wie richtig sie auch sein mochte, ich stand ein paar Wochen lang unter Schock.

Ich war nie ein Mensch, der von einer Beziehung in die nächste fällt, als wäre nichts gewesen. Ich verliebe mich weder besonders oft noch besonders schnell. Es fällt mir schwer, mich jemand Neuem völlig anzuvertrauen. Daher ging ich davon aus, eine längere Weile alleine zu bleiben, und hatte auch gar nicht vor, in der Folgezeit eine neue Beziehung zu suchen. Die Perspektive, teilzeitalleinerziehend zu sein, reichte mir erst mal völlig als Aufgabe. Und dann ging auf einmal alles drunter und drüber.

Plötzlich war da jemand. Jemand, die es schon vorher gegeben hatte. Doch außer meiner Bewunderung aus der Ferne waren da wenig Anzeichen für einen Flirt oder sogar mehr gewesen. Schließlich hatten wir uns im Krankenhaus unter extremen

Umständen kennengelernt – aber vielleicht verband uns auch gerade das. Allerdings musste ich schon damals an das Zitat aus *Speed* mit Keanu Reeves und Sandra Bullock denken. Bevor sich die beiden küssen, sagt Jack: »*I have to warn you, I've heard relationships based on intense experiences never work.*« Worauf Annie antwortet: »*Okay. We'll have to base it on sex then.*«[36]

Sorry für den Exkurs, aber die Situation hatte auch etwas Leichtes und Spielerisches. Natürlich fühlte ich mich schuldig an der Trennung und wusste, was das für die Kinder bedeutete, aber ich war auch unglaublich erleichtert, dass Olivia ihre Therapien alle unbeschadet überstanden hatte und scheinbar wieder gesund war. Für ein paar Monate konnte ich ihre begrenzte Lebenserwartung ein wenig ignorieren und mir diese Verliebtheitsphase gönnen.

Zumal ich auch nicht in unterschiedlichen Welten leben musste, denn die neue Freundin hatte schon länger Kenntnis von Olivias Krankheit und den damit verbundenen Umständen. Die beiden kannten und mochten sich sogar. Das war zugleich Fluch und Segen, denn einerseits musste ich mich nicht erklären, wenn es mir schlecht ging, musste meine Trauer nicht verbergen; andererseits war meine Freundin jetzt sowohl beruflich als auch privat in meine Angelegenheiten involviert. Das machte es nicht nur für uns beide schwer, Grenzen zu ziehen. Wir alle, die Freundin, die Kinder, meine Frau und ich, wurden zu einem unentwirrbaren Knäuel aus verschiedenen Perspektiven und Interessen, die sich letztlich immer bei der Krankheit unserer Tochter trafen.

Obwohl die folgenden Jahre unseres Zusammenseins ihre euphorischen Phasen hatten, fiel es mir immer schwerer, meinen Schmerz über Olivias Krankheit und ihre schlechten Aussichten vom Schmerz über Beziehungskrisen zu trennen. Beinahe jeder Konflikt mit der Partnerin mündete in Verlustangst und Enttäuschung, und allein der Gedanke an eine Trennung führte zu einer immensen Niedergeschlagenheit. In den kritischen Phasen vermengte ich sämtliche Probleme in meinem Leben zu einem alles verschlingenden »Angstmonster«, wie Olivia das genannt hätte. Hatte ich nach einem Streit die Kinder nicht bei mir, verbrachte ich schon mal einen ganzen Samstag mit Valium im Bett, einfach nur, um diesen Schmerz nicht ertragen zu müssen, den ich sogar physisch wahrnehmen konnte, als leichtes Stechen in der Bauchgegend oder als Magenkrämpfe. Selbst banalste Missverständnisse erreichten schnell eine existenzielle Dimension, wurden zu einer düsteren Meditation über Trennung und letztlich immer auch über Olivias nahenden Tod.

Diese depressiven Schübe verschwanden so schnell, wie sie gekommen waren, sobald es in der Beziehung wieder aufwärtsging. Die zugrunde liegenden Konflikte hatten ja auch selten einen gravierenden Anlass. Meistens war einer von uns überarbeitet und fühlte sich von leichtfertig dahingesagten Kommentaren an einem empfindlichen Punkt getroffen oder in seinen Bedürfnissen übersehen. Banalisierte man das Ganze, könnte man einfach festhalten, dass wir beide leicht zu kränken waren. Es gibt diese Art von Beziehung, bei der beide treffsicher die falschen Knöpfe beim anderen drücken und damit tief sitzende Ängste auslösen oder sogar Traumata der Kindheit heraufbeschwören können. Auf der anderen Seite waren wir manchmal das beste Paar der Welt, enthusiastisch, ausgelassen, reflektiert und unglaublich nah. Es hat oft kein Blatt zwischen uns gepasst – bis wir wieder meilenweit auseinanderlagen. Die Zwischenräume haben gefehlt, die uns Sicherheit gegeben hätten.

Nach Olivias Tod gab es auch in der Beziehung eine kurze Phase der Hoffnung auf Besserung. So als hätten wir als Paar jetzt auch das Schlimmste hinter uns. Die Streitigkeiten, die Unsicherheiten. Es fühlte sich so an, als bräche jetzt unsere beste Zeit an, als kämen ab jetzt nur noch Urlaube, Museumsbesuche und Abendessen. Als dürften wir in Rente gehen. Doch innerhalb weniger Monate wurde alles noch schlimmer.

Egal, ob in Ehe oder neuer Beziehung, die letzten Jahre waren ein permanenter Ausnahmezustand und unweigerlich eine Zerreißprobe für jede Art von Partnerschaft. Dennoch habe ich persönlich natürlich auch eine Menge zur Eskalation beigetragen. Ich habe mich bei Verhaltensweisen ertappt, von denen ich gedacht hatte, ich hätte sie längst abgelegt. Es war wie eine emotionale Regression in meine frühen Zwanziger. Ich war ängstlich, anhänglich, schnell verzweifelt. Ich hatte das Gefühl, ich hätte mich in meiner Art, Beziehungen zu führen, um fünfzehn Jahre zurückentwickelt.

Im Nachhinein muss ich mir eingestehen: Ich habe dieser neuen Beziehung im Schatten meiner gescheiterten Ehe und Olivias Krankheit eine viel zu große Bedeutung verliehen. Und damit mir und meiner Freundin eine Verantwortung aufgehalst, der wir beide nicht gerecht werden konnten. Eine Verantwortung für das Wohlergehen meiner gesamten Familie. Vorsätzlich habe ich diesen Druck nicht ausgeübt, aber oft war ich wie ein hilfloses Kind, das der Partnerin zu verstehen gab: *Mach doch irgendwas gegen diesen Schmerz, kümmere dich um mich.*

Meistens habe ich die Probleme, Wünsche, Sorgen und Ängste meiner Freundin klar gesehen und verstanden. Und versucht, für sie da zu sein. In einem aufgeräumten Zustand habe ich meine Probleme auch nicht über ihre gestellt. Doch sobald die Erschöpfungszustände kamen, wurde ich ungeduldig und maß jedem Konflikt eine geradezu biblische Bedeutung bei, sah jeden Streit als Vorstufe zur Trennung.

Diese Erschöpfungszustände mehrten sich nach Olivias Tod, und irgendwann trennten wir uns. Nicht weil man sich nicht mehr mochte, sondern weil jeder von uns das Gefühl hatte, unter der Erwartungshaltung des anderen zu kollabieren. Unter dem Druck, aus dieser Situation das Beste machen zu müssen. Ständig Metadiskussionen führen und Standortbestimmungen vornehmen zu müssen, gegen diese ominöse Trauer, die über uns hing, ankämpfen zu müssen, ohne größere Erholungsphasen. Wir trennten uns beim Joggen, weil der eine das Gefühl hatte, dass die andere nicht gut auf ihn zu sprechen sei, und deshalb langsamer lief. Rückblickend muss ich fast darüber lachen.

Diese erste längere Trennung hatte ihr Gutes, selbst wenn mir das Ganze zunächst wie eine weitere große Katastrophe meines Lebens erschien. Dennoch hatte ich jetzt ausreichend Zeit, zu ergründen, was es denn eigentlich genau war, was mir so wehtat: Wo hörte die Trauer auf? Wo fing der Liebeskummer an? Und was musste ich tun, um alleine und in Eigenverantwortung damit klarzukommen? Was davon konnte ich selbst bewerkstelligen, und wo brauchte ich Hilfe? Was war in der Therapie besser aufgehoben als bei der Partnerin? Wo sparte ich vielleicht als Single sogar Energie, die ich in meinen Sohn investieren konnte?

Auch wenn wir nach einem halben Jahr mit großer Freude wieder für eine Weile zusammenkamen, wurde mir in jener Zeit klar, dass wir zwar sehr eng miteinander verbunden waren und eine Menge zusammen durchgestanden hatten, dass das aber kein Garant dafür war, der riesigen Hypothek meines Verlusts standzuhalten. Oder auch unserer langfristigen Inkompatibilität als Paar. Es musste nicht funktionieren mit uns. Es konnte, aber es musste nicht. Es war vielleicht auch einfach nur erstaunlich und schön, wie lange und mit welcher Verliebtheit es so lange funktioniert hatte. Das Gute am Scheitern ist manchmal, dass damit die Angst vorm Scheitern endlich wegfällt.

Eins haben wir aber sicher richtig gemacht: Wir haben immer besprochen, wo wir stehen und wohin wir wollen, aber womöglich nicht können. Wir waren in einer Paartherapie und haben dort die gute Erfahrung gemacht, dass wir einander eigentlich ziemlich genau verstehen und sehen.

So schmerzhaft die Trennungen der letzten Jahre auch waren: Sie haben mir gezeigt, wie sehr ich mich im Notfall auf mich selbst verlassen kann. Wie gut meine Überlebensinstinkte funktionieren. Wie gut ich auch in Krisenzeiten für mein Kind und letztlich für mich selbst sorgen kann. Und die größte Überraschung: Wie gerne ich oft alleine bin. Wie wenig ich die traditionellen Muster aus Kennenlernen, Zusammenziehen, Familienplanung noch brauche. Behaupte ich zumindest jetzt. Aber vor allem habe ich gemerkt, dass ich nicht mehr so gerne zwischen den Gefühlspolen hin- und hergeschleudert werden will. Dass ich mehr »Mitte« möchte.

Ein befreundeter buddhistischer Mönch hat das mal »*the cool touch of dispassion*« genannt. Gemeint ist ein bewusstes Abstandnehmen von extremen Gefühlen und Bedürfnissen, von *craving* und *longing*, von unbedingtem Wollen und dringlicher Sehnsucht, von zu hohen Erwartungen an den Partner oder die Partnerin. Natürlich ist das anspruchsvoll und kann nicht auf Abruf funktionieren, doch allein sich vorzunehmen, sich nicht in jeder Situation seinen Gefühlen hinzugeben, ist eine gute Übung, die bei der Bewertung der eigenen Verfassung hilft. Es bedarf manchmal nur einer kleinen Zeitverzögerung zwischen Impuls und Reaktion, um konstruktiver zu handeln, denn vor allem die extremen Gefühle werden ja mit jeder vergehenden Minute ein kleines bisschen weniger extrem. Zeit verstreichen lassen ist eine unterbewertete Qualität. So kann ich zum Beispiel E-Mails oder SMS schreiben, die meinen akuten Emotionen Ausdruck verleihen, aber sie nicht abschicken, um ihren Tenor später mit der dann aktuellen Gemütslage abzugleichen. Und staunen, wie sehr die Eindrücke divergieren. Man kann immer abwarten und beobachten, wie sich nicht nur die Gefühle, sondern auch die Umstände verändern. Der »*cool touch*« bedeutet in meiner Auslegung natürlich nicht, sich weniger zu verlieben, sondern es erwartungsloser zu tun.

Meine Ex-Frau hat ebenfalls nicht allzu lange nach unserer Trennung jemanden kennengelernt. Das hat mich aufrichtig für sie gefreut. Mit diesem Mann hat sie noch ein Kind bekommen, einen kleinen Jungen, den ich sehr gerne mag. Ich wohne fast gegenüber von ihnen; unser Sohn kann einen Wechsel des Haushalts in weniger als zwei Minuten schaffen, wenn er sich beeilt. Wir feiern alle zusammen Weihnachten und Ostern, wir gehen zusammen zum Grab, wir sind gute Freunde. Und das Wichtigste: Wir sagen es uns, wenn wir traurig sind und Olivia vermissen.

11

Wechselmodelle: Trauer und Erziehung

Man muss keinen Verlust erleiden, um sich als Eltern zu fragen, ob man wirklich dazu in der Lage ist, seine Kinder gut zu erziehen.

Irgendwie waren wir nach Olivias Geburt nicht darauf vorbereitet, dass ein zweites Kind viel mehr als die Verdopplung unseres Stresslevels ergeben würde. Zumal das zweite Kind schon als Baby ganz anders war als das erste. Olivia war lauter, fordernder, wilder. Manchmal hat sie ohne offensichtlichen Grund einfach nur eine Weile geschrien. Natürlich können wir nicht wissen, inwiefern sie der Tumor schon als Baby gequält hat, aber dass wir nicht ganz auf ihre Intensität gefasst waren, kann man festhalten.

Nach der ersten OP stellten wir dennoch Veränderungen fest. Ihre motorischen Fähigkeiten verbesserten sich sprunghaft, und auch ihr Gemüt wurde ein wenig sanfter. Fordernd, eloquent und wild blieb sie. Ich habe damals ihr für eine Anderthalbjährige ziemlich umfangreiches Vokabular aufgeschrieben, da waren schon etliche Namen von Superheldenfiguren ihres Bruders bei. Nach der OP kamen schnell zahlreiche Satzfragmente und bald ganze Sätze hinzu. Die erste Runde ging also an Olivia.

Die sieben Stunden, die wir wartend in der Cafeteria des Klinikums verbrachten, während sie mit ungewissem Ausgang operiert wurde, gehören zu den quälendsten, die ich je erlebt habe. Es war wie ein langer, seltsamer Fiebertraum, aus dem man einfach nicht erwacht. Dafür war der Anruf der Chirurgen, dass es ihr gut gehe und der Tumor vorerst weg sei, der schönste Weckruf aller Zeiten. Ein paar Wochen lang blickten wir wieder zuversichtlich in die Zukunft.

Doch diese Zuversicht hatte ein begrenztes Haltbarkeitsdatum, denn bald darauf begann die Chemotherapie und später die Bestrahlung. Im Internet lasen wir jetzt Zahlen, die uns die Ärzte so nicht direkt mitteilen wollten: Der atypische teratoide/rhabdoide Tumor, kurz: »ATRT«, hat eine ungünstige Prognose; die Fünf-Jahres-Überlebensrate beträgt circa 40 Prozent, und über die Zeit danach gibt es keine ausreichenden Studien – man geht aber davon aus, dass so gut wie keins der betroffenen Kinder das Erwachsenenalter erreicht. Die relative Unerforschtheit der Tumorart und die wenigen Studien darüber waren immer ein Hoffnungsschimmer für meine Frau. Mir raubten sie eher den Schlaf.

Ich habe mich lange gefragt und frage mich heute noch, ob wir Olivia besser über ihre Krankheit hätten informieren sollen. Ich weiß nicht, ob wir je das Wort »Krebs« benutzt haben. Ganz sicher haben wir nie konkret mit ihr darüber gesprochen, dass sie sterben könnte. Noch nicht mal in den Wochen vor ihrem Tod, als klar war, dass es bald zu Ende gehen würde. Natürlich wurde uns das empfohlen, aber wir haben es nicht übers Herz gebracht.

Dafür habe ich mit meinem Sohn meist sehr offen über den Zustand seiner Schwester geredet. Oder es zumindest versucht, denn oft wollte er es einfach nicht hören, hat spontan das Thema gewechselt. Ich habe ihm diese Gespräche aber auch nicht aufgezwungen – ich habe schnell verstanden, dass es ihm einfach nur darum ging, dass jemand für ihn da war; er wollte nichts erklärt bekommen, schon gar keine schrecklichen Details. Meine Ex-Frau war öfter mit Olivia im Krankenhaus als ich und hat sich auch intensiver um sie gekümmert. Ich habe im Gegenzug versucht, für unseren Sohn da zu sein, der in jener Zeit automatisch in den Hintergrund gerückt ist. Sein langsames Verschwinden aus dem Zentrum unserer Aufmerksamkeit begann im August 2016, an dem Tag, als meine Frau mit Olivia im Krankenhaus war und ich alle zwei Minuten auf mein Handy schaute und auf ihren Anruf wartete. Ich verbrachte den ganzen Tag mit unserem Sohn, aber eigentlich war ich nicht da. Und das war nur der erste von vielen solchen Tagen. Im Nachhinein fühlt es sich so an, als hätte ich in der Zeit aufgehört, mit ihm zu scherzen, albern zu sein, und dafür angefangen, viel zu viel mit ihm zu schimpfen. Immer wenn ich mich selbst mit ihm reden hörte, klang meine Stimme furchtbar müde und ausdruckslos oder unnötig autoritär. Ich erinnere mich, wie oft wir zusammen alleine zu Hause waren und ich keine Kraft hatte, mit ihm zu spielen. Ich habe dann mein Laptop genommen und stundenlang Dinge auf *reddit* gelesen, während er alleine mit seinen Figuren gespielt oder eine Superheldenserie auf dem iPad geschaut hat. Und selbst wenn wir schwimmen waren oder zusammen einkaufen, waren wir irgendwie einsam ohne unsere anderen beiden Familienmitglieder.

Nach Olivias Strahlentherapie stellte man fest, dass endgültig keine Spuren des ursprünglichen Tumors mehr vorhanden waren. Ich weiß noch genau, wie ich nach der Nachricht die fast fünf Kilometer vom Krankenhaus zu Fuß nach Hause lief. Fünf Kilometer völlig berauscht, euphorisch und optimistisch.

Krebsfrei, krebsfrei, krebsfrei. Verliebt war ich ja auch gerade, und jetzt nahm ich mir vor, mich voll und ganz und mit aller Liebe und Begeisterung um die beiden Kids zu kümmern. Niemand sollte sich mehr zurückgelassen fühlen.

Meine Frau und ich hatten uns zwar mittlerweile auch räumlich getrennt, aber das fühlte sich erstaunlich schnell folgerichtig und sogar normal an. Ich zog in eine Zwei-Zimmer-Wohnung nur ein paar Häuser weiter, im Grunde fast gegenüber von unserer alten Wohnung, in der meine Frau mit den Kindern wohnen blieb. Wir installierten umgehend das Wechselmodell, bei dem die Kinder alternierend und gleichberechtigt bei beiden Elternteilen wohnen. In der Regel tauschen die Kinder einmal in der Woche die Wohnung, doch in unserem Fall hätte es keiner ausgehalten, die Kinder so lange nicht zu sehen; vor allem wollten wir Olivia nicht zu lange von ihrer Mama fernhalten, denn die beiden bildeten eine symbiotische Einheit, mit der ich gar nicht konkurrieren konnte oder wollte. Also wechselten die Kinder circa alle drei Tage die Straßenseite.

Zwei Kinder in Teilzeit allein zu erziehen, war ein Tritt in den Arsch. Ein wilder Spaß und eine monströse Anstrengung zugleich. Etwas, das mich stolz machte, das mich erschöpfte, aber letztlich auch vitalisierte. Olivias Krankheit war zunächst nicht das Problem, denn die gab es ja vorerst nicht mehr. Sie besuchte wieder ihre Kita, traf sich mit ihren Freund:innen, spielte mit ihrer Lieblingspuppe Tina, mit ihrer Batgirl-Figur, ihrem Kaufladen und redete am laufenden Band. Oft war sie unglaublich süß und quirlig, forderte Umarmungen und Späße ein, oft war sie wütend und im Widerstand. Auch gegenüber ihrem vier Jahre älteren Bruder, der ihrem Temperament ohnehin skeptisch gegenüberstand und sich dann entweder resigniert zurückzog oder sich bis an die Grenze zur Rauferei mit ihr anlegte, dabei aber meistens den Kürzeren zog. Die beiden wurden ein Quell des Chaos, wenn sie tagsüber zusammen waren. Nachts teilten sie sich friedlich ein Zimmer und bildeten eine Allianz gegen das Einschlafen. Eine konspirative Allianz für nächtelanges Hörspielhören. Doch sobald ein neuer Tag anfing, ging der Streit wieder los.

Wie erwähnt, geriet unser Sohn zunehmend aus dem Fokus unserer Aufmerksamkeit, wurde folglich auch selbst immer leiser; teils entsprach es seinem Charakter, teils war es dem lauten Regime seiner Schwester geschuldet. Es bedurfte auf jeden Fall einiger Anstrengung, ihn zumindest gelegentlich aus der Stille herauszuholen. Selbst seine Einschulung wurde beinahe zur Nebensache: Sie fand nur wenige Wochen nach der ersten OP statt, und wären nicht so viele Freunde und Bekannte gekommen, wäre es uns sicher noch schwerer gefallen, das gebührend zu feiern.

Dass Olivia sich endlich voll auslebte, erschien nur logisch, nachdem sie ein Jahr lang von Therapie zu Therapie geschubst worden war, tausendmal gepikst und betäubt, eingewickelt in Kabel und Schläuche, eingesperrt in seltsame Maschinen und festgehalten von Menschen, die sie nicht kannte. Kein Wunder, dass sie jetzt manchmal schwer zu bändigen war. Wer hätte es ihr verdenken können?

Im Herbst 2017 verbrachten wir drei Wochen mit den Kindern in einer Kureinrichtung auf Sylt. Zwei Wochen davon übernahm meine damalige Frau, ich sollte die letzten acht Tage absolvieren. Im Grunde war das Ganze gut organisiert, es gab dreimal am Tag Essen am Buffet, die Kinder gingen vormittags in die Kita beziehungsweise in eine Schule, und auch nachmittags wurden Aktivitäten angeboten. Dazu gab es eine ärztliche und therapeutische Betreuung auch für die Eltern und Geschwisterkinder. Trotzdem habe ich es noch nicht mal acht Tage lang dort ausgehalten. Die Kurklinik ähnelte, wie ihr Name schon suggerierte, einer Klinik. Wir wohnten beengt, es gab weder für Kinder noch für Erwachsene so etwas wie Privatsphäre. Die Kinder brauchten zudem eine ganze Weile, bis sie sich an die neuen Gruppen gewöhnt hatten, und bis dahin war die Kur eigentlich vorbei. Immerhin mochte ich die Winterversion von Sylt. Ich erinnere mich an die vielen Hasen, die draußen auf den Wiesen vor der Kurklinik herumsprangen – die Rede war von einer »Hasenplage« –, aber auch an die sturmumtosten Dünen und die ewig unruhige See. Aber Sylt im November ist definitiv nichts für Kinder. Außer man wird gerne vom Wind fast ins Meer geblasen und findet es lustig, sich von harpunenartig herabschießenden Möwen sein Fischbrötchen klauen zu lassen. Das ist Olivia wirklich passiert, und das hat sie der Möwe auch Jahre später nicht verziehen. Kurz: Außenaktivitäten konnte man eigentlich streichen, interessante Inselziele waren ansonsten ohne Auto nur umständlich zu erreichen, und in den Pool der Kurklinik durfte man nur an bestimmten reservierten Tagen. (Zum Glück haben wir uns da nicht immer dran gehalten.) Die Idee hinter der Kur war, dass sich dort Eltern und Geschwister begegneten, die von Krebs direkt und indirekt betroffen waren. Doch selbst wenn alle zur Zeit des Kuraufenthalts geheilt oder zumindest vorübergehend krebsfrei waren, traf da ein ziemlich erschöpfter Haufen Menschen aufeinander. Eltern, bei denen die Krankheit ihrer Kinder deutliche Spuren hinterlassen hatte. Kinder, bei denen die Krankheit ihrer Geschwister Spuren hinterlassen hatte. Und Kinder, die monate- oder jahrelang in Behandlung gewesen waren. Wir bildeten da keine Ausnahme, doch die Erschöpfung anderer so kulminiert wahrzunehmen, ließ sich für uns alle nur schwer mit dem Gefühl von Erholung vereinbaren.

Dazu kam, dass die Kur schon fürchterlich angefangen hatte: Nur wenige Stunden vor der Abfahrt hatten meine Noch-Frau und ich uns vor den Kindern ziemlich in die Haare bekommen, danach waren diverse Züge ausgefallen, und die drei waren circa zwölf Stunden lang von Berlin nach Sylt unterwegs gewesen. Und auf der stundenlang verspäteten Rückfahrt, die ich ein paar Wochen später mit den Kindern bestritt, ging bei Minustemperaturen die Heizung im Zugwaggon kaputt.

Immerhin gab es für unseren Sohn in der Kurklinik die Möglichkeit, sich mit einer Psychologin zu unterhalten, erst alleine und später im Beisein der Eltern. Er berichtet bis heute eher negativ über die »schlechten« Fragen, die ihm da gestellt worden seien. Später haben wir ihn in Berlin mit weiteren Psychologinnen zusammengebracht, aber auch das kam nicht besonders gut bei ihm an. Er konnte es nicht so ganz in Worte fassen, aber ich denke, er kam sich fehlerhaft vor, ohne zu wissen, wo der Fehler lag. Warum er überhaupt zu einer Psychologin sollte. Warum er diesen fremden Leuten Auskunft über sein Leben oder sogar seine Gefühle geben musste. Was mit ihm nicht in Ordnung war. Vielleicht haben wir ihn auch nicht gründlich genug darüber aufgeklärt, wozu das gut sein sollte, aber dass er sich unwohl fühlte, dass er keine Sicherheit mehr verspürte, dazu brauchte er zumindest keine Psychologen, das konnte er immer auch selbst artikulieren.

Und seine Zweifel und Sicherheitsbedenken waren ja auch nicht unbegründet, denn als nach zwei Jahren der Krebs zurückkam, ging es wieder los mit den ständigen Krankenhausaufenthalten. Dadurch rückte nicht nur unser Sohn, der sich mittlerweile ein bisschen mehr in den Vordergrund getraut hatte, erneut in die zweite Reihe, sondern jetzt war Olivia auch endgültig alt genug, um zu verstehen, dass sie krank war. Alt genug, um uns Fragen zu stellen. Wir standen plötzlich vor noch viel mehr erzieherischen Fragen als je zuvor.

Es brachen die schwersten Monate für uns alle an. Als bei einer MRT-Untersuchung ein Rezidiv festgestellt wurde, das hinter dem Auge saß und nicht dem ursprünglichen Tumor entstammte, waren zwei Dinge klar: Zum einen musste Olivia dringend erneut operiert und bestrahlt werden, zum anderen gab das Rezidiv den Ausschlag, sie ab jetzt palliativ zu behandeln, ihr damit keine längerfristige Überlebenschance mehr einzuräumen. Es war klar, dass sie vermutlich nicht länger als ein Jahr zu leben hatte. Im Endeffekt war es dann noch nicht mal mehr ein halbes. Dennoch erlebten wir ein letztes unglaubliches Hoch mit ihr.

Zunächst verliefen auch diese Operation und die anschließende Bestrahlung erfolgreich. Wie schon zwei Jahre zuvor war Olivia danach beinahe wie ausgewechselt. Ihr gelegentlicher Jähzorn wich einer neuen Besonnenheit und dem Bedürfnis, den Eltern ihre Zuneigung in vermehrten Umarmungen und verbalen Liebesbekundungen zu zeigen. Es war herzzerreißend, anders kann ich es nicht ausdrücken. Und sogar mit ihrem Bruder verstand sie sich besser. Sie wurde noch ein letztes Mal redegewandter, ihr Humor noch ein bisschen hintersinniger, und sie erlebte sogar noch ihren motorischen Höhepunkt, als sie anfing, am Ballettunterricht teilzunehmen – nur wenige Monate vor ihrem Tod. Das machte es uns unglaublich schwer, ihr, ihrem Bruder oder anderen den Ernst der Lage begreiflich zu machen und ihn auch selbst zu begreifen. Denn es ging ihr besser denn je. Gleichzeitig waren ihre letzten Monate angebrochen.

In dieser Endzeitstimmung, die wir natürlich vor den Kindern zu verbergen versuchten, planten wir jetzt all diese »finalen« Unternehmungen: eine Übernachtung im Wasserpark »Tropical Islands«, Zoobesuche, ihren ersten Kinobesuch, einen Aufenthalt im Planetarium, ihr erstes Mal Reiten auf dem Bauernhof. Es war eine schöne und schreckliche Zeit. Für mich lag der Tod greifbar und grausam in der Luft, und gleichzeitig war da eine so schöne Melancholie und intensive Liebe, die uns alle noch näher zusammenbrachte.

Wir hatten immer gerne Musikvideos auf Youtube geschaut und dazu gesungen, doch jetzt zählte jedes neue Lied, das wir in unsere Playlist aufnahmen, doppelt und dreifach. Olivias Lieblingsvideo war schon seit längerer Zeit »*Roar*« von Katy Perry. »Katy keine Angst«, sagte sie immer, wenn Katy Perry den computeranimierten Tiger im Video einfach wegbrüllte. Das Lied lief ein paar Monate später dann auch auf Olivias Beerdigung. In jenen letzten Wochen schauten wir uns sämtliche Katy-Perry- und Taylor-Swift-Videos an und merkten uns zusammen die lustigsten Stellen (zum Beispiel wenn in Taylor Swifts »*We Are Never Ever Getting Back Together*« ein Bandmitglied im Bärenkostüm anfängt, völlig irre zu tanzen). Weitere Lieblingsvideos waren das des Eröffnungssongs aus *Nightmare Before Christmas,* ein obskures der Band Can mit einer tanzenden Roboterin im Stil von Fritz Langs *Metropolis* oder eins der wunderbar theatralischen Metalband Ghost mit dem Titel »*Square Hammer*« (alle in unserer Familie haben offenbar einen Hang zum Grusel). Nicht selten habe ich bei diesen Videosessions auf der Couch heimlich geweint und mir die Tränen abgewischt, bevor die Videos zu Ende waren, damit es keiner merkte.

Letztlich haben vermutlich alle gespürt, dass es bald zu Ende gehen würde, egal, wie sehr wir es verheimlichen wollten. Ich erinnere mich an einen der letzten sonnigen Tage im Herbst 2018: Als ich Olivia in der Kita abholte und sie mir im gelben, schon schwächer werdenden Licht des Nachmittags entgegengelaufen kam, wusste ich irgendwie, dass wir uns zum letzten Mal draußen in der warmen Sonne umarmten.

Im Januar 2019 bemerkten wir dann eine erneute Veränderung in ihrem Verhalten. Sie war nun nachmittags oft sehr müde, wurde wieder gereizter, wollte am liebsten ihre ganze Zeit mit Mama verbringen und war auch immer weniger unternehmungslustig. Eines Nachmittags wollte ich sie in der Kita abholen und konnte sie in dem Wust aus Kindern nicht finden. Sie lag in einem der Gruppenräume über einem großen Spielklotz und rührte sich nicht. Ich bekam kurz Panik, aber sie war einfach unter den schreienden Kindern eingeschlafen. Da hatte ich schon ein ungutes Gefühl. Im Februar wurde eine Gefäßverletzung im Gehirn bei ihr festgestellt; der neue Tumor war nicht nur nachgewachsen, sondern blutete jetzt.

Während ihrer letzten Tage im März, als sie die meiste Zeit auf der Couch in der Wohnung ihrer Mama lag, wollte unser Sohn seine Schwester kaum sehen und hielt sich hauptsächlich in meiner Wohnung auf. Nachdem sie schließlich ins Koma gefallen war, musste ich ihn förmlich zwingen, mit ins Hospiz zu kommen, um sich von ihr zu verabschieden. Erst als wir gegen 20 Uhr wieder zu Hause waren, begriff er, was passierte. Vielleicht sogar zum ersten Mal in vollem Umfang. Er rief laut Olivias Namen, immer wieder, und weinte ununterbrochen. Das hat mir das Herz gebrochen. Zu sehen, wie er nach all den Jahren, nur wenige Stunden vor dem Tod seiner Schwester, seinen Verlust zu realisieren begann.

In derselben Nacht starb Olivia. Am nächsten Tag weinte unser Sohn noch ein wenig weiter, dann ging er wieder zur Schule und hörte auf zu weinen. Verbrachte immer mehr Zeit in seinem Zimmer, am liebsten mit geschlossenen Vorhängen, und hörte stundenlang Hörspiele oder Podcasts. Es war ein schleichender Rückzug.

Es gab eine Zeit, in der ich dachte, er hätte sich erholt. Er traf sich mehrmals die Woche mit Freunden, absolvierte einen Kletterkurs, und auch in der Schule kam er gut zurecht. Es ist nur Spekulation, aber dass seine Mutter noch einmal schwanger wurde, hat ihn womöglich wieder nachdenklicher werden lassen – ihn an seine Schwester erinnert und an die allgegenwärtige Gefahr, vielleicht noch ein Geschwisterkind zu verlieren. Trotz aller anfänglichen Skepsis hat er sich sehr über seinen kleinen Bruder gefreut und ist auch heute stolz auf ihn. Doch damals kam dazu, dass der neue Freund seiner Mama in die gemeinsame Wohnung zog; die einschneidenden Veränderungen in seinem Leben hörten einfach nicht auf. Und zur Krönung traf die erste Welle der Pandemie Berlin mit voller Wucht. Es begann eine Zeit, in der er seine Freunde nicht mehr privat und anfangs noch nicht mal in der Schule treffen konnte und seine Eltern als Heimlehrer auch nicht unbedingt den besten und geduldigsten Job der Welt machten. Als die Schulen endlich wieder öffneten, stieg dafür der Leistungsdruck beim Übergang aufs Gymnasium immens an.

Wenn man so früh so große Verlusterfahrungen macht – mit Krankheit und Tod der kleinen Schwester und der Trennung der Eltern –, werden Ängste und Traumata zurückbleiben. Ich kann sehr schlecht beurteilen, welchen Anteil diese heftigen Verluste an seiner grüblerischen Art und seiner Zurückgezogenheit haben und was ohnehin in seinem Charakter angelegt ist. Ich möchte ihn aber auch nicht analysieren und schon gar nicht stigmatisieren, sondern nehme mir vor, ihn weiterhin wohlwollend zu beobachten und im Zweifel Hilfe von außen in Anspruch zu nehmen, also von Psycholog:innen oder Nachhilfelehrer:innen. Wir als Eltern müssen auch einsehen, dass wir nicht alles selbst reparieren können.

Ich sehe zudem positive Entwicklungen. Ich sehe, wie er alle Kräfte gebündelt hat, um die fürs Gymnasium notwendige Note zu schaffen, wie er Konflikte mit einem Mitschüler bewältigt hat, wie er im Umgang mit seiner autokratischen Klassenlehrerin gelernt hat, die Anforderungen im Auge zu behalten, aber sich nicht für sie zu verbiegen. Wie er überhaupt in der Lage ist, sich immer wieder zu verändern und anzupassen, selbst wenn es ihn viel Kraft zu kosten scheint. Und wie er sich dennoch sehr treu bleibt. Gerade erst stand mit dem Übergang zum Gymnasium ein erneuter Schulwechsel an – wieder eine Veränderung, die er sicher nicht herbeigesehnt hat. Wir sind in jedem Fall sehr, sehr stolz auf ihn, schätzen ihn für sein Durchhaltevermögen, seinen Witz und Eigensinn, seine Unbestechlichkeit, seinen freiwilligen Verzicht auf jede Art von Applaus und seine erstaunlich reflektierte Art. Und natürlich lieben wir den kleinen Mann über alles.

Manchmal bin ich sauer, wenn er sich zurückzieht. Von mir und meinem Wunsch nach *deep talk*. Oder wenn er mir nicht entgegenkommt, nicht hilft, wenn er nicht redet. Mein Frust kompensiert natürlich auch mein schlechtes Gewissen, weil ich es nicht geschafft habe, ihm eine sorgenfreie Kindheit zu bereiten. Ohne Krankheit, Tod, Trennung, Pandemie. Aber vielleicht habe ich auch ein schlechtes Gewissen, weil ich womöglich nicht genug getan habe in den schwierigen Jahren und nicht weiß, ob ich jetzt genug tue. Ob ich meine eigene Trauer und Erschöpfung gut genug für ihn überwunden habe.

Ich frage mich ja ohnehin oft, ob ich ein »okayer« Vater bin. Nicht nur unter diesen Umständen – ob ich es also auch wäre, wenn alles »normal« verlaufen wäre. Und wie fast jeder Vater vergleiche ich meine Erziehungsmethoden mit denen meines

Vaters und bemerke gelegentliche Ähnlichkeiten. Ich habe das Gefühl, dass mein Vater sich von mir abgewendet hat, als ich circa zehn Jahre alt war. Die Gründe dafür konnte er mir nie nennen, falls er das überhaupt genauso empfunden hat. Vielleicht ist das der Grund: Die Persönlichkeit des Kindes wird deutlicher, und damit werden die (vermeintlichen) Defizite sichtbarer, die häufig auch die Defizite des Vaters sind. Doch ich versuche, aus meiner eigenen Erfahrung und der Erfahrung meines Vaters zu lernen, und hinterfrage mich: Wendest du dich ab, wenn dein Sohn nicht so ist, wie du ihn gern hättest? Lässt du ihn allein mit dem Gefühl, nicht zu genügen? Kritisierst du ihn manchmal viel zu generell, also seine gesamte Person? Und sagst du ihm oft genug, dass du ihn magst? Aufrichtig so magst, wie er ist? Für mich war die größte Befürchtung meiner Kindheit: Meine Eltern mögen mich eigentlich nicht so, wie ich bin. Klar, ich bin ihr Sohn, sie werden mich schon nicht rausschmeißen, aber sie sind irgendwie enttäuscht von mir. Sie sehen Potenzial in mir, aber ich kann es nicht entfalten. Dieses Gefühl möchte ich nicht an meinen Sohn weitergeben, denn seine Verlusterfahrung hat ihn schon zur Genüge verunsichert. Meine Ex-Frau ist deutlich besser darin, ihm zu zeigen, dass sie ihn genau so mag, wie er ist, aber ich arbeite an mir.

Das heißt natürlich nicht, dass ich ihn zukünftig nur mit Liebe überhäufen möchte und nichts mehr kritisch sehe. Ich muss nur lernen, mein Kind nicht ständig zu bewerten, vor allem nicht nach Kriterien, die zum großen Teil nur meiner eigenen Verlustangst entspringen. Denn natürlich hat unser Verlust auch mir das Urvertrauen geraubt, dass schon alles gut werden wird. Daher muss ich aufpassen, meine Angst und mein Misstrauen nicht auf ihn zu übertragen. Davon bringt er ja schon selbst genug mit.

Was an meinem Sohn ist Wesen und was ist Trauma? Das habe ich mich oft gefragt. Ich muss mir aber mittlerweile eingestehen, dass sich das nicht trennen lässt, denn der Verlust seiner Schwester, die Trennung seiner Eltern, all das, was er in den letzten Jahren erlebt hat, ist Teil seines Wesens geworden. Vor längerer Zeit hat er mir mal gestanden, dass die Welt der Games und Mangas ihm lieber sei als die echte. Ich war ein wenig schockiert von dieser offenen Aussage, aber dann fiel mir ein, dass ich das als früher Teenager ähnlich empfunden habe. Bei mir waren es die Musik, die Tolkien-Bücher und natürlich auch die Computerspiele auf dem C64. Später wurden es die Mädchen. Alles war mir lieber als die nackte Realität aus streitenden Eltern, Schule, Hausaufgaben, Zimmer aufräumen, ins Bett gehen und morgens um sechs wieder aufstehen. Und ich hatte ja noch nicht mal etwas Tragisches erlebt. Der Gedanke an meine eigene Teenagerzeit relativierte seine Feststellung immerhin ein bisschen. Ein paar Jahre später habe ich ihn noch mal nach diesem Satz gefragt. Ob er auch heute noch so empfinde. »Zum Teil« lautete seine trockene Antwort.

Auf der Website vom Bundesverband Deutscher Bestatter steht über kindliche Trauer Folgendes:

> Grundsätzlich trauern Kinder anders als Erwachsene. Die kindliche Trauer zeigt sich oft sprunghaft: Die Kinder weinen und im nächsten Moment sind sie wieder fröhlich. Sie agieren oftmals spontan, ziehen sich zurück oder sind aggressiv. Wenn Angehörige stark mit der eigenen Trauer beschäftigt sind, spüren Kinder das sehr genau. Daher kann es vorkommen, dass Kinder die eigenen Trauergefühle leugnen, um Angehörige nicht zusätzlich zu belasten.[37]

Doch genau diese Sprunghaftigkeit kenne ich auch als Erwachsener, ebenso wie das Verbergen meiner Trauer, um meinen Sohn oder meine gesamte Familie nicht zu belasten. Womöglich ist der Unterschied, dass ich diese Sprunghaftigkeit besser reflektieren kann. Aber solange mein Sohn das nicht kann (und auch nicht will), wäre es ein Fehler, sein Verhalten stets als Reaktion auf seinen Verlust auszulegen. Bei allem, was er erlebt hat, bleibt er immer noch ein Kind – beziehungsweise mittlerweile ein Teenager, der sich ohnehin gern in sein Zimmer zurückzieht.

Bleiben die Momente, in denen die Sorgen um ihn fast physisch greifbar sind. Wenn sich seine Kopfschmerzen mal wieder häufen, wenn er sich nicht rechtzeitig am Handy meldet, wenn er tagelang nicht lacht. Trotzdem versuche ich, meine Panikmomente nicht zu kultivieren und sie schon gar nicht auf ihn zu übertragen. Ich muss lernen, ihm zu vertrauen. Der Bundesverband Deutscher Bestatter schreibt auch, Kinder hätten »ein Gespür dafür, was sie sich selbst zumuten können«.[38] Auch daran muss ich mich manchmal erinnern, wenn mir danach ist, mit meinem Sohn über seine Schwester zu reden, er aber keine Lust dazu hat. Er lenkt dann ab und spricht über Games. Das ist sein gutes Recht.

Nach Olivias Tod haben wir ihm einen Dsungarischen Zwerghamster besorgt, weil er so gerne ein Haustier haben wollte, aber leider auch eine Katzenallergie hat. Anderthalb Jahre später starb der Hamster vor den Augen unseres Sohnes. Es ging ihm daraufhin ein paar Tage lang schlecht, er blieb trauernd zu Hause. Danach wollte er nicht mehr über den Hamster reden.

Es ist als Elternteil manchmal nur schwer auszuhalten, ihm dabei zuzusehen, wie er mit seiner Trauer umgeht. Manchmal will man ihn aus der Sprachlosigkeit aufrütteln und ihn lieber weinen sehen; manchmal will man mit ihm über alles reden. In jedem Fall würde man ihm am liebsten allen Schmerz sofort nehmen. Doch wir Eltern können die Dinge nicht wieder in die alte Ordnung bringen – das weiß er natürlich und verlangt es auch gar nicht. Ich denke, es reicht ihm, wenn wir ihn so mögen, wie er ist.

Vor ein paar Wochen habe ich meinem Sohn ein kleines illustriertes Kinderbuch geschenkt, das *Gebrauchsanweisung gegen Traurigkeit* heißt. Darin ist »die Traurigkeit« als blassblaues wässriges Wesen, fast wie ein Barbapapa, dargestellt, das unangemeldet zu einem kleinen Jungen in die Wohnung kommt. Es »sitzt so nah bei dir, dass du kaum atmen kannst«. Das Buch endet mit dem Resümee: »Vielleicht möchte sie nur hören, dass sie willkommen ist.«[39] Ich weiß nicht, wie er das Buch findet – er wollte nicht darüber reden. Ich weiß nur, dass es eine Weile in seinem Bett lag.

12

Nicht genug Zeit: Über das Bedauern

Eins der wenigen Dinge, die ich in den letzten Jahren instinktiv richtig gemacht habe, ist, die gemeinsamen Momente mit unserer Tochter zu schätzen, zu begreifen, dass da nicht mehr unendlich viele kommen. Die Gewissheit, Olivia in absehbarer Zeit zu verlieren, hat meine Wahrnehmung geschärft. Sie hat mich verstehen lassen, wie flüchtig und dennoch bedeutend solche Augenblicke sind: mit ihr auf dem Weg zur Kita jedes Wort mit »Schm« zu beginnen (aus »Fenster« wird »Schmenster«, aus »Katze« wird »Schmatze«) oder sie auf dem Spielplatz zum hundertsten Mal auf den großen Stein zu heben, von dem aus sie auf die hölzerne Hängebrücke klettern kann.

Trotzdem denke ich immer noch: Du hast nicht genug Zeit mit ihr verbracht. Auf einer rationalen Ebene weiß ich, dass ich viel Kraft und Zeit für sie aufgewendet habe, aber ich werde doch das Gefühl nicht los, es sei nicht genug gewesen. Und das Gefühl, in unserer kurzen Zeit oft zu ungeduldig oder zu streng mit ihr gewesen zu sein. Nicht selten war ich erleichtert, wenn sie endlich im Bett oder wieder bei ihrer Mutter war. Oder wenn ich im Krankenhaus endlich von jemandem abgelöst wurde, der dann auf sie aufpasste. Ich denke: Sie hatte doch nicht viel Zeit, und ich war trotzdem häufig einfach nur mit ihrer Erziehung beschäftigt. Ich denke: Ich hätte mit ihr über ihre Krankheit reden sollen, ich hätte sie ins Vertrauen ziehen können. Manchmal denke ich sogar: Vielleicht wäre sie nicht krank geworden, hätte unsere Ehe besser funktioniert. Hätte ich besser auf uns alle aufgepasst. Hätte ich früher erkannt, dass wir als Paar nicht mehr zusammenpassen, und nicht für ein zweites Kind plädiert. Dann wäre das alles möglicherweise nicht passiert.

Unsere damalige Psychologin an der Charité, Dr. Chu-Won Sim, hat in ihrer Dissertation das Phänomen »*regret in bereaved parents*«[40] untersucht, also das Bedauern verwaister Eltern. Für die Studie waren Eltern befragt worden, deren Kinder an Krebs gestorben sind. Sim definiert *regret* (»Bedauern«) als das Gefühl, eine Situation wäre günstiger verlaufen, hätte man anders gehandelt. Sie schreibt, *regret* sei eine hochnegative Emotion mit einem großen kognitiven Anteil, das empfundene Resultat der Diskrepanz zwischen einer Hoffnung oder einem Wunsch und der vergangenen, gegenwärtigen oder zukünftigen Realität. Bedauern sei eng verknüpft mit Depression und Angstzuständen.

Das Verb *to regret* bedeutet im Deutschen allerdings nicht nur »bedauern«, sondern auch »bereuen«, bezeichnet also zwei verwandte, aber doch unterschiedliche Phänomene. Das Bereuen schließt ein Gefühl der Schuld mit ein. Es ist nicht ungewöhnlich, dass sich Eltern, die ein Kind verloren haben, schuldig fühlen. Ich habe ja bereits von der Frau aus dem Trauerkreis erzählt, die von sich behauptete, sie habe ihre Aufsichtspflicht vernachlässigt und so den Tod ihrer Tochter verschuldet. Es gibt Eltern, die sich konkret die Schuld am Tod ihrer Kinder geben, weil sie eine Krankheit womöglich nicht rechtzeitig erkannt haben. Und es gibt Eltern, deren Schuldgefühle diffuser sind.

So geht es auch mir. Meine Schuld ist ein irrationales, abstraktes Gefühl, das ich manchmal an konkrete Sachverhalte zu binden versuche, um es sichtbarer zu machen. Ich erwähnte ja schon die dysfunktionale Ehe und unseren Entschluss, dennoch ein zweites Kind zu bekommen. Diesem galt damals meine Hoffnung, und ich wollte es unbedingt, auch wenn ich hätte merken müssen, dass unsere Beziehung eigentlich schon mit einem überfordert war. Es gab Tage, da fragte ich mich, ob es genug war, sich auf die Ärzte, die »Schulmedizin« und die Statistiken zu verlassen. Es gab sogar Tage, da fragte ich mich, ob ich nicht mehr hätte beten sollen.

Obwohl ich diesen Konjunktiven heute deutlich weniger Platz einräume und auch in der Lage bin, die einzelnen Punkte entweder rational zu widerlegen oder sie als volatil einzustufen, bleibt das diffuse Gefühl von Schuld bestehen. Denn natürlich ist allein meine Existenz mit ein Grund für den Schmerz, den meine Kinder erlebt haben.

Es gibt aber auch ein paar ganz konkrete Vorwürfe, die ich mir im Nachhinein machen könnte: Warum habe ich nicht mit Olivia über ihre Krankheit und ihren bevorstehenden Tod gesprochen? Warum habe ich sie nicht öfter ins Krankenhaus begleitet?

Und dann gibt es noch diesen einen Gedanken, den ich bis heute bereue, der mir aufrichtig leidtut: Ich habe mir im ersten Jahr der Krankheit gewünscht, dass sie bald sterben würde. Natürlich, um ihr einen langen und qualvollen Krankheitsverlauf zu ersparen. Aber auch, um uns als Familie diesen Verlauf zu ersparen. Ich wollte, dass wir so schnell wie möglich weitermachen konnten. Bereits nach der ersten OP quälte mich der Gedanke an die mögliche Sinnlosigkeit der Behandlungen, die in den folgenden Jahren vorgenommen werden sollten, wenn sie doch eh keine hohe Lebenserwartung hatte. Warum musste sie das alles ertragen, warum mussten wir das alles ertragen, wenn es doch nur eine Verlängerung unseres Leidenswegs war? Ich erkannte damals nicht, wie wertvoll unsere Zeit zusammen war. Jeder weitere Monat, jeder weitere Tag, jede Stunde. Ich habe Olivia viel zu früh aufgegeben, und zu unserem großen Glück haben wir nach der ersten OP noch fast drei wunderbare Jahre mit ihr geschenkt bekommen.

Es ist nicht unüblich für Eltern von todkranken Kindern, so zu denken, aber das alles noch mal aufzuschreiben, weckt alte Schuldgefühle. Weckt ein großes Bedauern darüber, wie leichtfertig ich gerade im ersten Jahr mit Olivias Lebenserwartung umgegangen bin. Zum Glück hat meine damalige Frau das alles schon viel früher viel klarer gesehen und um jede Stunde mit unserer Tochter furios gerungen und gekämpft.

In oben genannter Studie werden Aussagen des Bedauerns von Eltern zitiert; sie wünschten etwa, sie hätten sich mehr um die Geschwister gekümmert oder das betroffene Kind öfter mit ins Stadion genommen.[41] Den meisten dieser Äußerungen ist der Faktor Zeit gemeinsam: Fast alle Eltern wünschten sich, sie hätten mehr Zeit mit ihren verstorbenen Kindern gehabt. Es ist so irrational wie logisch. Denn auf der einen Seite ist man gegen die Zeit machtlos, auf der anderen besteht unser ganzes Leben daraus, Zeit »richtig« zu gestalten. Zu nutzen. Wir haben nicht nur unsere Kinder verloren, wir haben auch die Zeit verloren. Daran tragen wir keine Schuld, bedauern tun wir es trotzdem.

Ich bedauere heute vor allem, dass ich nicht sehen kann, wie Olivia aufwächst, wie sie älter wird und sich verändert. Ihr Aussehen, ihre Sprache, ihren Habitus nicht mitbekomme. Manchmal sehe ich zufällig eine ihrer Freundinnen aus der Kita auf der Straße und bemerke, dass sie größer geworden ist. Olivia wäre mittlerweile acht. Ich wüsste so gerne, wie sie heute wäre. Wir hatten unsere Zeit, sage ich mir, aber gleichzeitig hatten wir auch nicht genug davon. Und das tut weh.

Ich habe mich für mein Buch *Das vorläufige Ende der Zeit*[42] mit Theorien aus der Philosophie und Quantenphysik beschäftigt und viel über das System Zeit nachgedacht, darüber, wie wir als Menschen damit umgehen. Wie wir Zeit streng linear perzepieren wollen, obwohl wir das eigentlich nicht müssten. Erinnerungen, Wünsche und Vorstellungen liegen in unserer Wahrnehmung zwar an unterschiedlichen Punkten unserer Zeitachse, dennoch können wir alles gleichzeitig erfassen. Wir unterscheiden zwischen wahrhaftiger und weniger wahrhaftiger Zeit: Die wahrhaftige ist das Präsens, die relevante Zeit, weil wir nur sie unmittelbar erleben. Die Vergangenheit ist zweitklassig (abgesehen vom Verlust der »guten alten Zeit«), weil sie vorbei ist, und die Zukunft zählt noch weniger, denn sie ist ja noch nicht passiert. Münzt man das auf verstorbene Kinder, Freunde oder Angehörige, gerät man zwangsweise ins Bedauern, denn in der wichtigsten Zeit, im Präsens, sind unsere Kinder, Verwandte und Freunde ja nicht mehr da.

Der Neurowissenschaftler Dean Buonomano schreibt in seinem Buch *Your Brain Is a Time Machine*, unser Gehirn messe nicht nur die Zeit, sondern kreiere sie selbst.[43] Die strikte Unterscheidung zwischen Gegenwart, Zukunft und Vergangenheit ist, abstrakt gesehen, ein menschengemachtes Phänomen. Wenn ich also analog dazu vorschlage, dem Präsens in der Trauerarbeit nicht immer die größte Beachtung zu schenken, dann widerspreche ich scheinbar dem buddhistischen Prinzip der Akzeptanz des Ist-Zustands. Und vielleicht auch dem Sinnspruch, man solle nicht in der Vergangenheit leben. Ich würde mich jedoch in diesem Fall über die lineare Chronologie erheben und behaupten: Die Zeit, die wir mit Olivia verbracht haben, ist nicht weniger wert als die Zeit, die wir jetzt gerade oder in Zukunft *nicht* mehr mit ihr verbringen können. Ich habe keine Zeit verloren, denn ich darf sie ja behalten, kann sie jederzeit einsehen, kann jederzeit in Gedanken in ihr zurückreisen und so Zeit mit unserer Tochter verbringen. Und das muss ich noch nicht mal alles mit eigenen Erinnerungen bewerkstelligen, ich habe sehr viele Videos und Fotos, die mir diese Zeitreise ermöglichen.

Im Roman *Das vorläufige Ende der Zeit* treffen sich zwei Menschen, die Verluste erlitten und Traumata erlebt haben. Sie bekommen die Möglichkeit, an neuralgischen Punkten ihrer Vergangenheit andere Entscheidungen zu treffen und so ihre Biografie wieder »in Ordnung« zu bringen. Natürlich habe ich mich das auch gefragt: Was würde ich ändern, wenn ich noch mal zurückgehen könnte? Doch dann habe ich eingesehen, dass diese Frage meine Bedrückung nur verstärkt, völlig egal, wie ich sie mir beantworte. Egal, ob ich Weichen anders hätte stellen können oder von vornherein machtlos war, ich habe keinen Erkenntnisgewinn – allein das Hinterfragen meiner Entscheidungen destabilisiert mich. Es spricht sicher nichts dagegen, vergangene Beziehungen und Begebenheiten unter dem Gesichtspunkt eines besseren Umgangs mit diesen Dingen in der Zukunft zu betrachten, doch im Falle unseres Verlusts habe ich festgestellt, dass *regret* letztlich, wie von Sim erwähnt, eine negative Emotion darstellt, die nicht nur mir, sondern unserer ganzen Familie eher schadet als nützt. Und trotzdem bedauere ich noch ein paar weitere Aspekte, selbst wenn ich weiß, dass ich dieses Bedauern langfristig ablegen muss.

Ich bedauere, dass mein Sohn keine unbeschwerte Kindheit erleben konnte. Ich hätte alles dafür getan, ihm diesen massiven

Verlust zu ersparen. Der Tod seiner Schwester wird immer ein einschneidendes Erlebnis und vermutlich ein Trauma in seinem Leben bleiben. Womöglich auch kombiniert mit der Trennung seiner Eltern. Es tut weh, das nicht ändern, nicht wiedergutmachen zu können. Ich hoffe, es tröstet ihn ein wenig, dass seine Eltern gute Freunde geblieben sind und eine gemeinsame und freudige Erinnerungskultur in Bezug auf Olivia geschaffen haben.

Ebenso tut es mir um meine Eltern leid. Beide sind um die siebzig, und auch ihnen hätte ich harmonischere Jahre gewünscht als die, die sie durch mich erleben mussten. Meine Mutter war während Olivias letzter Wochen durchgehend in Berlin. Das hat auch sie verändert. Womöglich ein bisschen trauriger gemacht. Weniger optimistisch. Man kann sich vorstellen, wie sehr die ohnehin bestehenden Ängste bestätigt werden, wenn so etwas passiert.

Ich bedauere manchmal, nicht bei Olivia gewesen zu sein, als sie um Mitternacht im Hospiz starb. Ich war zu Hause bei unserem Sohn, dem es an jenem Abend nicht gut ging. Es war sicher keine falsche Entscheidung, bei ihm zu bleiben, dennoch lässt mich der Gedanke nicht ganz los, ob ich nicht im Hospiz hätte warten sollen, denn ich hatte schon die Befürchtung, dass es die letzte Nacht sein könnte. Olivia ist schließlich in den Armen ihrer Mama gestorben, und ich war eine halbe Stunde später bei ihr; ich denke, ich habe damals das getan, was ich im Sinne aller für das Beste hielt. Natürlich bleiben Zweifel.

Ich habe meine Ex-Frau für dieses Buch gefragt, ob sie etwas aus jener Zeit bereut. Das hat sie mir geschrieben:

Als klar war, dass sie nicht bei uns bleiben wird, habe ich das angenommen und mich entschieden, jeden Moment, der mir mit ihr bleibt, auszukosten. Und die Momente sind bis heute bei mir und erleichtern die Trauerarbeit. Dabei war mir wichtig, ihre Zeit altersentsprechend zu gestalten. Also ihr auch Zeit mit ihren Freunden und den Großeltern zu ermöglichen. Keine verrückte Weltreise. In dem Alter brauchen Kinder Stabilität und Routinen. Wenn man aber aufhört, damit zu hadern, ob man jetzt noch etwas ändern kann, oder es nicht wahrhaben will, nimmt man sich die Möglichkeit, ganz mit ihr im Moment zu sein. Was tut ihr gut, was tut uns gut? Und es war erleichternd, mit dem Umfeld zu kommunizieren, dass es jetzt zu Ende geht, aber jeder mit sechs Monaten Zeit hat diesen Abschnitt nach eigenen Bedürfnissen zu gestalten. Manche konnten das nutzen und manche nicht. Das Sterben an sich fühlte sich für mich sehr versöhnlich an. Wie bei ihrer Geburt waren alle da und konnten sich noch verabschieden. Und ich bin ihr sehr dankbar, dass sie mich bis zu ihren letzten Momenten an ihrer Seite gelassen hat. Nicht dass sie stirbt, wenn ich kurz im Bad bin oder so. Davor hatte ich am meisten Angst. Dass sie mir den Schmerz ersparen will und dafür alleine sein muss. Es war furchtbar, aber ich wusste, dass ich in jedem Moment ihres Lebens für sie da war.

Manchmal träume ich von Olivia, kann mit ihr reden, sie umarmen, sie sogar riechen. Manchmal ist sie in meinen Träumen so alt wie zum Zeitpunkt ihres Todes, manchmal jünger, einmal erlebte ich sie älter. In einem Traum, den ich wenige Wochen nach ihrem Tod träumte, hatte sie die Krankheit überlebt, war ein Jahr lang in einer Art Sanatorium gewesen und kam geheilt zu uns zurück. »Ich bin jetzt wieder gesund, Papa«, sagte sie, als sie eines Abends im Türrahmen meines Wohnzimmers stand.

Ich habe keinen dieser Träume je bedauert. Habe es nicht bedauert, erst nach Sekunden gemerkt zu haben, dass es sich nur um einen Traum gehandelt hat. Ich konnte und kann diese Träume immer als Geschenk sehen. Als Begegnung mit Olivia im Hier und Jetzt. Selbst wenn das Hier und Jetzt ein Traum ist.

13

Fight and Flight: Beruf und Geld

Als Olivia zum ersten Mal operiert wurde, steckte ich mit meinem Roman *Rosalie*[44] mitten in der finalen Phase des Lektorats. Das Buch erschien kurz nach dem Beginn ihrer Chemotherapie. Einen Tag nach Erscheinen meines nächsten Romans *Ein gemachter Mann*[45] ist Olivia gestorben. Drei Tage nach ihrem Tod hätte ich in Leipzig auf der Buchmesse lesen sollen, und ungefähr anderthalb Wochen später hätte die Buchpremiere in Berlin stattfinden sollen. Wäre es nach mir gegangen, hätte ich beides absolviert – ich war wie in Trance, ich habe einfach nur wie automatisiert gehandelt. Mein Verlag und die befreundete Buchhändlerin sagten die entsprechenden Veranstaltungen ab, ohne mich zu fragen. Im Nachhinein bin ich ihnen sehr dankbar dafür.

In Olivias letzten Wochen arbeitete ich zudem an einer Übersetzung; in jeder freien Sekunde übersetzte und korrigierte ich, egal, wie spät es war. Die Vorgänge ähnelten jenen in den Jahren zuvor während ihrer zahllosen Aufenthalte in der Klinik: Sobald sie schlief, nahm ich das Laptop und arbeitete, teilweise direkt neben ihrem Bett. Das mag manisch klingen, nach einer Flucht in die Arbeit, und ich will dem gar nicht widersprechen, aber ich habe das Arbeiten damals als Beruhigung empfunden, als einen Rhythmus, eine zuverlässige Komponente, etwas, das weitergeht, selbst wenn alles andere zusammenbricht. So wie ein Radio, das immer noch Musik spielt, obwohl draußen Krieg herrscht.

Ich bin alles andere als ein Workaholic. Ich weiß auf mich aufzupassen, seit ich nach der Totgeburt unseres ersten Sohnes diesen doppelten Bandscheibenvorfall erlitten habe. Vermutlich habe ich in der Regel auch weniger akuten Stress als viele Vollzeitfestangestellte, ich muss in kein Büro, muss nicht jemandem stündlich Rechenschaft darüber ablegen, wie ich meine Arbeitszeit nutze. Ich bin seit knapp fünfzehn Jahren freiberuflicher Autor, ich habe gelernt, dann zu arbeiten, wenn es sein muss, egal, unter welchen Umständen. Darauf bin ich ein bisschen stolz, denn in meiner Jugend war ich eher der arbeitsscheue Typ und habe an Schule und Uni nur deshalb nie prokrastiniert, weil ich Angst davor hatte, dass die Arbeit sich häufen würde, wenn ich sie nicht rechtzeitig und in überschaubaren Portionen bewältigte. Vielleicht ist die Angst vor zu viel Arbeit auch bis heute der Hauptgrund für meine Disziplin.

Diese Disziplin hat mir nicht nur dabei geholfen, während der Krankheitsjahre unserer Tochter verlässlich weiterzuarbeiten und letztlich sogar diverse Podcasts, zwei Bücher und mehrere Übersetzungen zu veröffentlichen, sie hat mir auch Struktur verliehen sowie die Fähigkeit, selbst unter größtem privaten Druck noch passable Ergebnisse im Beruf zu erzielen. Das ist kein Gütesiegel für meine Arbeitsweise, aber zumindest ein Indikator für funktionierende Überlebensinstinkte, die ich gerade auch für meine Kinder einsetzen wollte und will.

Am neunten Geburtstag meines Sohnes raste nur wenige Hundert Meter von unserem Haus entfernt ein SUV in eine Gruppe von Menschen. Der Fahrer hatte einen epileptischen Anfall, kam von der Straße ab und tötete vier Passantinnen und Passanten, darunter eine Großmutter und ihr Enkelkind. In einem späteren

Artikel las ich, die Eltern des dreijährigen Kindes seien bis heute nicht in der Lage, innerhalb normaler Parameter zu arbeiten. »Wir sind nicht mehr gesellschaftsfähig. Lösen unsere Büros auf. Wurden herauskatapultiert«, wird die Mutter in der *B.Z.* zitiert.[46] Die Katastrophe hat jegliche Struktur zerstört. Ihr Kind liegt unweit von Olivias Grab auf demselben Friedhof. Die Mutter hat uns mal einen Zettel aufs Grab gelegt, mit dem Vorschlag, sich auszutauschen. Ich hatte sie zufällig einmal getroffen, als ich zum Grab unserer Tochter wollte, aber nicht hinkam, weil der Berliner Senat in einer ersten Panikreaktion auf die Pandemie sämtliche Friedhöfe für ein paar Wochen hatte sperren lassen. Wir standen beide verzweifelt vor dem Friedhofstor.

Ich kann nachvollziehen, dass man entweder keinen Sinn mehr in der Arbeit sieht oder nicht mehr die Kraft dafür aufwenden kann. Gleich nach der ersten Diagnose gab es eine Stimme in mir, die fragte, welchen Sinn die Karriere jetzt noch habe. Dennoch erlaubte ich mir weder damals noch nach Olivias Tod eine längere Auszeit oder Urlaub. Streng genommen habe ich ja eh keinen als Freiberufler. Erst drei Monate später bin ich mit meiner damaligen Freundin, ihrer Tochter und meinem Sohn an die dänische Ostsee gefahren. Ich kann nicht behaupten, mich dort besonders erholt zu haben, selbst wenn mir der wilde Strand und ein kleiner, parallel dazu verlaufender Fluss, der im Meer endete, in besonderer Erinnerung geblieben sind. Hinter dem Fluss befanden sich endlose Wiesen, da war kein Haus, kein Siedlungsgebiet zu erkennen, es hatte fast etwas Elysisches. Ich dachte: Wenn du beim Joggen zu weit in diesen unendlichen Raum hineinläufst, findest du vielleicht nicht mehr zurück. Ein Teil von mir wünschte sich auch, einfach sanft aus diesem anstrengenden Leben hinauszujoggen, aber ein anderer war sehr entschlossen, hierzubleiben. Und hierbleiben hieß für mich auch: weiterarbeiten.

Ich glaube nicht, dass es letztlich ein großer Trost gewesen wäre, wenn *Ein gemachter Mann* ein Erfolg geworden wäre, aber ich habe es mir damals sehr gewünscht. Ich dachte, ich hätte mir das verdient, nach allem, was ich durchgemacht hatte. Doch es kam anders. Die Kritiken waren tadellos, die Verkäufe nicht, die Nachfrage nach Lesungen gering. Und doch hatte das Misslingen auch etwas Gutes: Mit dem ausbleibenden Erfolg ließ seltsamerweise auch der Druck nach, weiterhin als Schriftsteller erfolgreich sein zu müssen. Es ging jetzt ganz praktisch erst mal nur noch ums Arbeiten an sich, ums Geldverdienen, ums Weitermachen. Der Stress meiner eigenen hohen Erwartungen, das ewige Stricken an der eigenen Legende fiel weg. Es war ein berufliches Aufatmen.

Im folgenden Herbst begann ich das Podcast-Projekt *In Sekten*, das sich mit oppressiven religiösen Gemeinschaften in Deutschland beschäftigte. Zusammen mit einer Journalistin traf und interviewte ich Aussteiger:innen und Sektenexpert:innen. Ich wollte diesen Leuten und der Geschichte dieser Gruppen unbedingt gerecht werden. Die Thematik und die Begegnungen mit den ehemaligen Mitgliedern absorbierten mich. Es waren in der Regel sehr traurige Gespräche, und trotzdem haben sie mich ein bisschen vor meiner eigenen Trauer bewahrt. Es war gut, eine Aufgabe zu haben, die nichts mit meiner Biografie zu tun hatte, mir aber dennoch das Gefühl gab, etwas Sinnvolles zu tun.

Auch schon in der ersten Jahreshälfte 2017 hatte mich ein eher düsterer Podcast von meinen Sorgen ablenken können. Für die Reihe *Dunkle Heimat* recherchierte ich einen fast hundert Jahre alten Sechsfachmord in Bayern neu und berichtete darüber auf persönliche Art. In jene Zeit fiel unter anderem Olivias Bestrahlung in Essen, und obwohl die Schwere des Themas mich in meiner damaligen dystopischen Weltsicht eher bestätigte, fand ich

Trost in der Arbeit. Der bis heute unaufgeklärte Mord an einer Familie auf einem abgelegenen Bauernhof hatte sich im Winter 1922 ereignet. Das Land und die Menschen waren vom Ersten Weltkrieg erschüttert, es war eine kalte und verrohte Welt, in die ich absurderweise flüchten konnte, weil sie deutlich hoffnungsloser war als meine eigene. Vielleicht ist das der Grund, warum ich immer noch gerne Horrorfilme schaue oder mich auch im Zuge meiner Arbeit düsteren Themen widme. Die Beschäftigung mit den Abgründen nimmt mir den Druck, dass alles im Leben okay sein müsse. Es ist ein grotesker, ein defätistischer Trost, aber es ist einer. Während ich das hier schreibe, sitze ich gerade im Zug nach Tschechien, wo ich für die zweite Staffel von *In Sekten* über die fundamentalistische Christussekte »Zwölf Stämme« recherchiere. An vielen Tagen hat die Beschäftigung mit der Ausweglosigkeit jedoch den gegenteiligen Effekt und verstärkt meine eigene Depression – auch das kann ich nicht leugnen. Umso größer ist dann der kathartische Effekt, wenn ich solche Projekte wieder beende. Es ist fast wie eine kleine Wiedergeburt.

Es gibt Phasen, in denen es gar nicht genug berufliche Ablenkung geben kann und ich mich freue, als Autor oder Journalist gefragt zu sein, gebraucht zu werden. Dann gibt es Zeiten, in denen ich einfach nur alle E-Mail-Programme für immer schließen möchte. Phasen, in denen ich lernen muss, mich zurückzuziehen und Auszeiten einzuplanen. Früher hat mir zur Erholung ein Kurzurlaub in Griechenland gereicht oder sogar ein verlängertes Wochenende in Bayern. Mittlerweile bin ich deutlich weniger stressresistent. In den vergangenen zwei Jahren habe ich mir im Sommer jeweils mindestens einen Monat lang freigenommen beziehungsweise mir diese Auszeit selbst verordnet. Andernfalls hätte die Energie nicht mehr für ein ganzes Jahr gereicht.

In Wochen, die mit Schulferien zusammenfallen, verreise ich

häufig mit meinem Sohn nach Niederbayern ins Haus meiner Eltern. Meine Familie stammt aus einem eher unscheinbaren Ort mit knapp 600 Einwohnern. Das Land ist flach, die größeren Städte sind alle mindestens eine halbe Stunde entfernt, es gibt im Grunde keine Attraktionen, die Landschaft ist im Vergleich zu Oberbayern unspektakulär: Da sind weder hohe Berge noch tiefe Wälder, keine großen Seen und schon gar keine monumentalen Schlösser. Dafür ist der Garten meiner Eltern groß, wild und frei, das Haus ist so riesig, dass man sich darin als ungeübte Person verlaufen kann, und an den heißen Tagen fährt man in den Nachbarort ins nie zu volle Freibad oder setzt sich einfach unter die riesige alte Birke, an der schon in meiner Kindheit eine Schaukel befestigt war. Im Winter verbringe ich lange Nachmittage im Dachgeschoss im Bett oder improvisiere unten im Wohnzimmer auf dem alten Flügel herum und starre zwischenzeitlich immer wieder gebannt in den prall gefüllten Kühlschrank meiner Eltern. Früher war es kaum denkbar, dass das Elternhaus mal eine Art Urlaubsort für mich werden könnte. Zu viele Erinnerungen und Erwartungen waren da auf beiden Seiten. Das hat sich geändert, als die Kinder kamen. Der Fokus lag anschließend nicht mehr auf meinem Verhältnis zu meinen Eltern und umgekehrt, sondern auf den Kids – das war für alle eine Erleichterung.

Ich habe meine Selbstständigkeit in den letzten fünfzehn Jahren immer als Geschenk empfunden. Meine Unabhängigkeit war mir stets wichtiger als Geld. Trotzdem fehlten mir oft Arbeitskolleg:innen, ein täglicher Austausch, das Reden, das Scherzen, das Lästern. Während Olivias Chemotherapie hatte ich für ein halbes Jahr ein kleines Bürozimmer in der Agentur einer Freundin meiner Schwester. Es hat sich gut angefühlt, sich mit Leuten in der Teeküche zu treffen. Bei jemandem im Türrahmen zu stehen und sich über die Serie *Justified* zu unterhalten oder über den schlechten WLAN-Empfang im Büro. Es war das Beste aus beiden Welten: Ich war nach wie vor selbstständig, doch ich hatte Kolleg:innen. Und kurze Wege, denn das Büro lag in der Parallelstraße. Sowieso ein Lebensmotto für mich: Kurze Wege!

Auch im Moment bin ich wieder mindestens drei Tage die Woche in einem »echten« Büro, nach sechs Jahren Homeoffice. Seit ein paar Jahren arbeite ich regelmäßig für eine Audio-Produktionsfirma, mit deren Gründern ich befreundet bin. Die Arbeit macht mir Freude, ich leite Projekte und bin viel im Kontakt mit Kolleg:innen, doch etwas in mir hinterfragt von Jahr zu Jahr dringlicher die Sinnhaftigkeit meiner Arbeit in der Medienbranche. Halte ich damit nicht auch ein System am Laufen, das nichts mit vielen der Prinzipien zu tun hat, die ich mir im Laufe der letzten Jahre angeeignet habe, also mit Wertschätzung, Vertiefung, Entschleunigung, Empathie? Immer häufiger stelle ich mir die Frage, wie ich meine Arbeitskraft besser zum Wohl anderer Menschen einsetzen könnte. Das war auch der Grund, warum ich ein Jahr lang ehrenamtlich versucht habe, der syrischen Familie zu helfen; letztlich konnte ich jedoch noch nicht genug Zeit und Durchhaltevermögen für ein solches Engagement aufbringen.

Vielleicht steckt aber auch der simple Wunsch nach einer unaufgeregteren Tätigkeit dahinter, bei der einem die Leute nicht das Gefühl geben, es gehe um die Geschicke der Welt, während es ihnen in Wirklichkeit nur um Verkäufe, Abos, Streams und Downloads geht. Manchmal überlege ich, wie es wohl wäre, im Biosupermarkt um die Ecke zu arbeiten: ein bisschen an der Kasse sitzen, ein bisschen Regale einräumen, mich ein bisschen in der Logistik üben. Die Beschäftigten scheinen sich gut zu verstehen, und eine ehemalige Erzieherin unseres Sohnes arbeitet dort seit ein paar Jahren. Aber vielleicht frage ich sie erst mal, ob sie mit mir tauschen wollen würde, bevor ich mich hier in naive Sozialutopien versteige.

Zumindest kann ich behaupten: Ich habe keine Existenzängste mehr. Ich habe viele verschiedene Berufe ausgeübt, diverse Arbeitgeber gehabt, immer wieder andere Szenarien entwerfen müssen, um weiterzukommen, aber ich bin stets mit allem fertiggeworden oder hab mich neu erfunden, wenn ich mich nicht mehr wohlgefühlt habe. Daraus hat sich ein Glaube an die eigenen Fähigkeiten geformt – oder eher ein Glaube daran, dass ich zu improvisieren weiß. Das habe ich der jahrelangen Selbstständigkeit mitsamt all ihren *ups and downs* zu verdanken, sie hat die Reflexe gestärkt, die mir auch im Fall der Krise geholfen haben. Eine Freundin sagte allerdings mal zu mir, ich sei auch deshalb angstfreier als andere, weil ich aus einem einigermaßen gut situierten Elternhaus käme, das über finanzielle Ressourcen verfüge. Das sei in meinem Unterbewusstsein verankert, selbst wenn ich von den Ressourcen keinen Gebrauch machte.

Wie sieht mein Arbeitstag mittlerweile aus? In der Regel stehe ich gegen sechs Uhr morgens auf, was natürlich auch mit den Schulzeiten meines Sohnes zu tun hat, aber es hat sich als passende Uhrzeit erwiesen, um ein paar wichtige Dinge zu schaffen, bevor auch andere Menschen an ihren Laptops sitzen und nach Interaktion streben. Es ist erstaunlich, wie produktiv ich zwischen sieben und neun bin, wie viele Buchseiten ich in dieser Zeit schon geschrieben habe, wie viele Skripte gegengelesen, wie viele Produktionen abgenommen. Erst um neun frühstücke ich. Nach dem Frühstück werde ich ein wenig langsamer, beantworte Mails, grüble über Konzepte nach, habe die ersten Video-Calls. Mittags hole ich mir meistens eine Kleinigkeit aus der Küche oder aus dem Supermarkt, und spätestens ab 15 Uhr versuche ich, mich herunterzubremsen. Da kommt auch das Kind aus der Schule und hat dann meine Aufmerksamkeit verdient. Im besten Fall setze ich keine Meetings nach 16 Uhr an und auch keine dringenden Deadlines, falls es sich vermeiden lässt. Nach 18 Uhr lese ich noch nicht mal mehr Mails. Und schon gar nicht am Wochenende. Wenn ich nicht zu Hause, sondern im Büro arbeite, bin ich vielleicht weniger konzentriert, aber ich kann mich dann tatsächlich mehr als je zuvor an Gesprächen mit Kolleg:innen erfreuen, und an manchen Tagen reicht mir sogar schon der Weg ins Büro für bessere Laune.

Rückblickend kann ich sagen, dass es seit Olivias Krankheit beruflich eher bergauf als bergab gegangen ist. Das liegt sicher nicht daran, dass ich durch das Unglück zusätzlich motiviert worden wäre oder sogar so was wie eine Jetzt-erst-recht-Attitüde entwickelt hätte. Ich weiß noch nicht einmal, ob ein Zusammenhang besteht. Ich kann nur sagen, dass ich trotz aller Sinnkrisen nie vorhatte, die Arbeit aufzugeben oder auch nur eine längere Auszeit zu nehmen, selbst wenn mir das vielleicht gutgetan hätte. Ich wollte immer ein verlässlicher Elternteil, ein verlässlicher Versorger, ein verlässlicher Kollege sein. Ich wollte mir selbst beweisen, dass ich funktioniere. Vielleicht gibt es eine Art Mitleidsbonus, von dem ich nichts weiß, vielleicht haben mir Leute Jobs gegeben, weil sie dachten: Der hat's schwer genug. Ich möchte einfach denken, man honoriere meine Leistung.

Mittlerweile – gut sieben Jahre nach der ersten Krebsdiagnose unserer Tochter – merke ich aber auch, wie sich eine gewisse Müdigkeit bemerkbar macht. Im Grunde gab es so gut wie keine Auszeiten in meinem Berufsleben, habe ich durch alle Trauerphasen hindurch konstant gearbeitet. Ich denke mal, da bahnt sich ein Moment an, an dem ich die Arbeit für eine längere Weile liegen lassen oder zumindest stark reduzieren werde. Ich weiß nur noch nicht, wann das sein wird.

Ein Geständnis noch: Das Thema »Geld« ist mir zeit meines Lebens unangenehm. Ich möchte mich nicht damit befassen müssen. Ich schaue ungern auf mein Konto, egal, ob da viel oder wenig drauf ist. Vor nichts drücke ich mich lieber als vor der Einkommenssteuer oder auch nur der Umsatzsteuervoranmeldung. Ich verhandle nicht gerne über Gagen oder Gehalt, ich frage selten nach Geld. Ich will mit Geld eigentlich nichts zu tun haben.

Vielleicht ist meine Weigerung, mich mit Geld zu befassen, eine Art Versagensangst. Die Angst vor dem Vergleich. Einem Vergleich mit anderen in meiner Branche, in meinem Alter, in meinem Umfeld. Einem Vergleich mit dem, was ich – »konjunktivisch« – hätte erreichen können. Einer Bestandsaufnahme meiner Versäumnisse.

Ich habe in den letzten Jahren weder übertrieben gespart (oder angelegt) noch übertrieben Geld ausgegeben – ich habe einfach weitergearbeitet und registriert, dass ich schon zurechtkomme. Für die Zukunft (und die Rente) mag das nicht die ideale Strategie gewesen sein, für die letzten Jahre war es die passende, selbst wenn sie auf einer Art Fluchtreflex basiert. *Fight or flight* – »Kampf oder Flucht«, diesen Dualismus hat der US-amerikanische Physiologe Walter Cannon bereits 1915 geprägt. Er beschreibt die unmittelbare Reaktion von Lebewesen auf Gefahr oder Stress. Im meinem Fall wäre dann vielleicht »die Flucht nach vorne« eine passende Beschreibung. Ich habe mich in die Arbeit gestürzt, bin aber gleichzeitig vor ihren langfristigen Implikationen davongelaufen. Ich habe einfach nur gearbeitet.

14

Eichhörnchentage: Erinnerungskultur

Olivias Beerdigung nahm ich eher wie ein Besucher wahr als wie ein Betroffener. Ich stand oder saß die ganze Zeit neben unserem Sohn, umarmte ihn und beschützte ihn vor der Kondolenzwelle. Ich war so auf ihn konzentriert, dass ich am Ende gar nicht genau sagen konnte, wie ich selbst die Beerdigung empfunden hatte. Der kleine Sarg aus hellem Holz wurde zuerst in der hübschen kleinen Kapelle auf dem Sophienfriedhof aufgebahrt, und vermutlich konnten Menschen dort Kerzen anzünden – ich erinnere mich nicht mehr so genau, ich war wie betäubt an dem Tag. Ich weiß nur, dass meine Ex-Frau und ich uns zu Beginn nach vorne vor die Besucher:innen stellten und uns bedankten. Mehr wurde nicht gesprochen, ich wollte keine Reden.

Während der Sarg dann später zur Grabstelle getragen wurde, lief wie schon erwähnt Katy Perrys »*Roar*« über Lautsprecher, und ich nahm plötzlich eine Menge Kinder wahr. Dann versammelten sich so schnell so viele Leute um das Grab, dass mein Sohn und ich im Prinzip gar nicht sehen konnten, wie der Sarg nach unten gelassen wurde, weil wir nicht mehr in der ersten Reihe standen. Wir traten nur kurz nach vorne, warfen eine Schaufel Erde in das Loch, dann verschwanden wir wieder in der Menge. Jemand ließ Luftballons mit Nachrichten an Olivia hochsteigen; ich sah sie noch davonfliegen, als mein Sohn und ich uns schon auf den Weg nach Hause machten. Er wollte sich ausruhen. Ich wollte mich ausruhen.

Obwohl die Beerdigung fast surreal auf mich gewirkt hat und ich sie so zeitig verlassen habe, war sie wichtig. Ursprünglich hatte ich sie so schnell wie möglich hinter mich bringen wollen, es war beinahe nur ein Pflichttermin, wenn auch mit hohem Organisationsaufwand. Manche Menschen lenkt gerade so eine Aufgabe von ihrem Schmerz ab; für mich war es eher eine Qual, ich hätte mich lieber auf andere Dinge konzentriert oder einfach nur zurückgezogen.

Doch dann tat es sehr gut, die Hände und Umarmungen zu spüren, Freundinnen und Freunde, Familie und Bekannte zu sehen. Vor allem auch Freundinnen und Freunde unserer Tochter. All die Kinder, die die bleierne Betroffenheit durchbrachen. Vielen davon waren wir danach nie mehr so nah wie in jenem Moment. Doch auch der Friedhof selbst war und ist bis heute ein positiver Ort.

Den Sophienfriedhof II, wie er genau heißt, gibt es seit Mitte des 19. Jahrhunderts; das Anlegen von Kirchhöfen durch die Sophiengemeinde geht bis ins Jahr 1713 zurück. Der zweite Sophienfriedhof war ursprünglich nur als Erweiterung gedacht, am Ende wurde aus ihm der zentrale Friedhof in diesem Teil von Berlin-Mitte, auf seinem Vorgänger steht heute ein Hallenbad. Doch schon bald musste auch diese Inkarnation weichen; man entwidmete einen großen Teil zugunsten der Mauer und des Todesstreifens (*of all things*). Die Mauer steht hier heute noch an der Bernauer Straße. Trotzdem oder vielleicht gerade deswegen wirkt der Ort friedlich. Wie ein zeitloses Gegengewicht zu all der Spaltung und Aversion. Viele der Grabstätten sind über hundert Jahre alt, die neueren Gräber reihen sich unauffällig in die alten ein, man gelangt nicht über gestreute Wege zu ihnen, sondern läuft auf Gras oder Sand. Es ist ein Ort, an dem man verweilen will.

Der Sophienfriedhof war uns lange vor der Beerdigung vertraut. Seit zwölf Jahren durchqueren wir ihn auf dem Weg zum Kinderarzt. Im Sommer wirkt er fast wie ein Park, man hat Lust, sich hier auf eine Bank zu setzen, sich einfach ein paar Minuten lang auszuruhen.

An einem sonnigen Nachmittag Anfang April 2019 traf ich die Leiterin des Friedhofs. Wir waren auf der Suche nach einer Stelle, die nicht von anderen Gräbern umlagert war, und ich wollte eine Parkbank in der Nähe, von der man auf das Grab blicken kann. Zuerst konnte ich mich nicht zwischen zwei Grabstellen entscheiden, doch dann rasten gegenüber der einen Ruhestätte zwei rotbraune Eichhörnchen einen Baum herunter und jagten sich anschließend über den Friedhof. Damit war die Entscheidung getroffen. Olivia hätten die wilden Eichhörnchen gefallen.

Die Eichhörnchen sind natürlich nicht immer da, wenn ich das Grab besuche. Im Winter halten sie Winterruhe, habe ich nachgelesen, da verlassen sie ihren Kobel nur äußerst selten. Zuweilen sieht man sie monatelang nicht, findet aber die ein oder andere verscharrte Nuss in der Graberde. Aber immer wenn ich sie fast vergessen habe, tauchen sie auf. Ich habe zudem den Eindruck, dass sie im Lauf der Jahre immer zutraulicher geworden sind, falls es sich überhaupt noch um dieselben handelt. Eins davon ist neulich bis auf einen Meter an mich herangekommen. Manchmal rede ich mit den Eichhörnchen. Manchmal denke ich, sie seien Boten von Olivia, die auf diese Weise kurz Hallo sagen will. Vor allem in den Wochen nach ihrem Tod habe ich viele solcher »Zeichen« gesehen und auch sehen wollen. Hasen im Tiergarten, Vögel auf meinem Fensterbrett, andere Kinder, die mich mit einem vertrauten Blick anschauten, Schilder in Spanien mit ihrem Namen – sie war überall, als läge eine gewisse Magie in den Tagen und Wochen nach ihrem Tod. Leider hat sich diese Magie im Lauf der Monate verflüchtigt. Doch die Eichhörnchen sind geblieben.

Hin und wieder rede ich am Grab mit Olivia, lege meine Hand auf den kleinen Naturstein mit der kristallglänzenden Oberfläche, auf dem ihr Name steht. Der Stein changiert zwischen Grün und Pink, er hätte ihr gut gefallen. Meistens schweige ich. Oft bin ich nur für zwei Minuten da, manchmal für eine halbe Stunde. Bei Bedarf jäte ich Unkraut, pflanze etwas an, gieße. Meistens stehe ich nur vor dem Grab und betrachte die Pflanzen. Gewöhnlich komme ich alleine, manchmal mit meinem Sohn, seltener mit Freunden. Im Sommer lege ich mich neben das Grab ins Gras oder sitze eine Weile am Fußende. Oder auf der Parkbank, die ich mir in der Nähe gewünscht habe. An Olivias Geburtstag machen wir ein Picknick oder essen Kuchen. Im Winter komme ich seltener, in den heißen Sommermonaten bin ich beinahe jeden zweiten Tag da, die Blumen und Stauden brauchen Wasser.

Ich erinnere mich an den ersten Sommer nach der Beerdigung: Ich lief nachts an den Friedhofsmauern vorbei, und in dem Moment fühlte ich eine Art Panik in mir aufsteigen, weil ich mir vorstellte, wie alleine sich Olivia nachts auf dem Friedhof fühlen musste, wenn er geschlossen war. Für einen Augenblick blieb mir buchstäblich die Luft weg, es hätte nicht viel gefehlt und ich wäre über die Friedhofsmauern geklettert, um bei ihr zu sein. Stattdessen bin ich weinend nach Hause gelaufen und war froh, am nächsten Tag auf den Friedhof zu kommen.

Ich mag den Friedhof. Dort überfällt mich die Erinnerung an Olivia nie unvorbereitet, dort erinnere ich mich gerne. Die Grabstelle ist zudem fast eine Art externer Garten für mich geworden, ein Ort, an dem ich im Sommer Schatten und Wasser vorfinde, an dem ich im Frühjahr Blumen und Stauden anpflanzen und dann zusehen kann, was mit ihnen im Lauf eines Jahres passiert.

Unser erster Sohn Vincent liegt auf einem großen Waldfriedhof außerhalb Berlins in einem Familiengrab. In fünfzehn Jahren war ich nur einmal dort, und zwar, als die Großmutter meiner Ex-Frau ebenfalls dort beerdigt wurde. Es dauert lange, den Friedhof mit öffentlichen Verkehrsmitteln zu erreichen, doch das ist nicht der einzige Grund, warum ich so selten dort bin. Ich wollte lange Zeit gar nicht an dieses Ereignis erinnert werden. Nicht an das tote Baby in den Armen seiner lächelnden Mama am Tag der Geburt, nicht an den riesigen Schmerz und die große Enttäuschung, die ich damals empfunden habe. Nicht an die Angst, dass das unsere einzige Chance auf ein Kind gewesen sein könnte. Olivias Grab hingegen sollte kein Ort werden, den ich meide. Sondern einer, den ich freiwillig besuche, ohne Pflichtbewusstsein, ohne Druck. Ein Ort, auf den ich mich sogar freuen kann.

Mittlerweile habe ich viel mehr Angst vorm Vergessen als vorm Erinnern. Es gibt Momente, da erzwinge ich die Erinnerung. Ich will den Schmerz jetzt fühlen, denn genau jetzt habe ich Zeit und Kapazitäten, denke ich dann. Ich bin meinem Smartphone unendlich dankbar, dass ich so viele Fotos und Videos von Olivia festhalten konnte. Wie sie auf dem Wasserspielplatz mit einem Eimer auf dem Kopf herumalbert oder versucht, in einem Dirndl Ballett in unserer Wohnung zu tanzen, und dabei bayerische Sätze vollkommen hochdeutsch ausspricht. Sicher machen mich die Bilder auch traurig, doch das ist diese klare Traurigkeit, die Luxustrauer, die ich der diffusen immer vorziehen würde, selbst wenn sie wehtut.

Manchmal überrumple ich meine Ex-Frau mit Fotos, Videos oder Geschichten. Und vergesse: Ihr Trauer-Timing ist nicht meins. Auch meinem Sohn brauche ich nicht zu jeder x-beliebigen Zeit mit spontanen Anekdoten von seiner Schwester zu kommen; oft wirkt er damit überfordert. In der Regel fallen ihm selbst welche ein – das ist dann der richtige Zeitpunkt, nicht der, an dem mir danach ist. Gemeinsame Erinnerungszeit muss man abwarten oder manchmal einfach organisieren, damit jeder darauf vorbereitet ist. Auch um Enttäuschung zu vermeiden, wenn das Gegenüber sich gerade nicht in derselben Intensität erinnern will wie man selbst.

An Olivias Geburtstag und Todestag gehen wir alle zusammen zum Grab: mein Sohn, seine Mama und ich. Meistens ist noch der kleine Baby-Bruder dabei, was oft für eine willkommene Stimmungsaufhellung sorgt. Der gemeinsame rituelle Gang zum Friedhof an diesen speziellen Tagen wiegt naturgemäß ein bisschen schwerer als das gelegentliche Gießen und der ansonsten eher beiläufige Grab-Besuch. Und doch fühlen wir uns geschützt und aufgehoben in den Erinnerungen der gesamten Familie. Es ist meist ein kathartischer Moment, ein kurzes kollektives Anhalten und Luftholen. Danach kann das Leben weitergehen.

Es gibt ohnehin so eine Art Trauersaison für uns. Im Oktober ist Olivias Geburtstag, an dem wir jedes Jahr daran erinnert werden, wie alt sie dann leider doch nie geworden ist. Dann kommt der Winter. Im Januar ist der Geburtstag unseres ersten Sohnes und Ende März dann der Todestag unserer

Tochter. Danach wird es Frühling, danach wird es wärmer und meistens auch ein bisschen leichter.

Als 2010 unser zweiter Sohn, Ludwig, geboren wurde, fing ich an, hin und wieder kleine Videoclips von ihm in Alltagssituationen aufzunehmen und am Ende des Jahres in einem kurzen Film mit Musikuntermalung zusammenzufassen. So kann man ihn von null bis zwölf aufwachsen sehen, ohne durch Hunderte Fotos auf dem Telefon wischen zu müssen. Dieses Aufnehmen von Videos hatte ich auch für Olivia begonnen, doch als in ihrem zweiten Jahr der Tumor gefunden wurde und ihre Chemotherapie begann, hörte ich mit dem Aufzeichnen auf. Es fiel mir schwer, sie ohne Haare und mit dem Port in ihrem Kopf zu filmen, auch wenn ich es zum Glück hin und wieder doch getan habe. Erst als sie wieder in die Kita ging, als sie sich motorisch und geistig entgegen unserer Befürchtungen ganz normal entwickelte und ihre Haare wieder wuchsen, filmte ich wieder mehr. Ein jährliches Video wie ihr Bruder bekam sie dennoch nicht.

Etwa ein halbes Jahr nach ihrem Tod habe ich mir einen Tag lang Zeit genommen und kleine Filmsequenzen zu einem größeren Video montiert, das all die zurückliegenden Jahre zusammenfasste. Das war möglicherweise therapeutisch, vor allem aber sehr intensiv. Ich war nie konkreter traurig über ihren Verlust als an dem Tag, an dem ich das Video bearbeitete. Die Trauer warf mich förmlich zu Boden, ich kann es gar nicht anders sagen. Doch ich hatte mir extra Zeit eingeräumt, mir für den ganzen Tag nichts anderes vorgenommen. Gegen Abend war ich völlig erschöpft, hatte viel geweint, aber es ging mir besser. Und der Film war fertig.

Ich muss zugeben, dass ich das Video nicht besonders oft anschaue. Vielleicht zweimal im Jahr. Das liegt weniger an der

Angst vorm Erinnern, sondern vielmehr daran, dass es einen emotionalen Sog entwickelt, für den ich Ruhe und Zeit brauche. Danach kann ich nicht einfach zum Alltag übergehen.

Nicht selten begegnet einem in der Trauerarbeit die Annahme, man müsse die Toten – oder die Weggegangenen – irgendwann einmal loslassen. Und weitermachen. Nicht nur ich halte das für überholt. Oder zumindest für zu wenig differenziert. Ich würde eher empfehlen, sich nicht über einen zu langen Zeitraum nur über den Verlust zu definieren, wohl aber über die Erinnerung. Auch im Weitermachen, in der emotionalen Progression, ist immer Platz fürs Erinnern – das eine schließt das andere nie aus. Das Erinnern kann wie eine Verschnaufpause sein, ein kurzer Stillstand auf dem Weg der Heilung. In der Trauer gibt es eh keine Stagnation, selbst wenn es sich manchmal so anfühlt.

Für mich ist Olivia nicht jemand, den ich in der Erinnerung zurücklasse, sondern jemand, der uns begleitet. Der Grad dieser »Begleitung« kann natürlich variieren und auch darüber entscheiden, wie schnell man sich auf neue Wege begibt. Doch auch da gibt es keine Konvention. Wie schnell verliebt man sich, nachdem der Partner gestorben ist? Wann bekommt man noch ein Kind? Wie schnell nimmt man wieder am Alltag teil? Das muss jeder für sich entscheiden. Ich war von Anfang an gleichzeitig für eine starke Erinnerungskultur und für unmittelbare Neuanfänge. Ich selbst habe zwar kein Kind mehr bekommen, doch meine Ex-Frau hat noch mal ihren ganzen Mut und ihre Energie zusammengenommen und hat jetzt einen kleinen, witzigen Jungen, um den wir alle wahnsinnig froh sind. Auch er lässt uns erinnern und gleichzeitig weitermachen.

Der bereits erwähnte Psychotherapeut und Autor Roland Kachler hat nach dem Unfalltod seines 16-jährigen Sohnes das bis dahin von ihm in der Trauerarbeit postulierte »Loslassen« durch ein neues Konzept ersetzt:

> Die Trauer wird als kreative Beziehungskraft verstanden, über die einerseits die konkrete, äußere Abwesenheit des geliebten Menschen realisiert werden muss, und über die andererseits die innere Beziehung zu ihm gefunden werden kann.[47]

Beim Lesen von Kachlers Buch habe ich festgestellt, dass ich diese Dualität von »äußerer Abwesenheit« und »innerer Beziehung« von Anfang an ganz instinktiv begriffen und nicht als Gegensatz betrachtet habe. Zudem habe ich gelernt, die Erinnerung an Olivia zu aktivieren, ohne in dieses brutale Dilemma zu geraten, dass sie ja außerhalb meiner Erinnerung nicht mehr existiert.

Leider träume ich mittlerweile seltener von ihr. Ich erinnere mich an einen intensiven (in einem vorherigen Kapitel schon angerissenen) Traum ganz kurz nach ihrem Tod, in dem sie mich und meinen Sohn in unserer Dachgeschosswohnung besuchte. In diesem Traum kam sie von einer mehr als einjährigen Kur zurück, vollständig geheilt und fast sechs Jahre alt. Sie wirkte ruhig, bedacht und trotzdem fröhlich, nahm mich in den Arm und versicherte mir, dass es ihr jetzt gut gehe. Danach aufzuwachen und in den zwei schrecklichsten Sekunden der Welt zu erkennen, dass es nur ein Traum gewesen war, gehörte zu einer Reihe von »Gewöhnungsschocks«, die ich heute als Teil eines Heilungsprozesses einordne. Solche Träume, die alten Stofftiere, das leere Bett, die stille Wohnung – das alles waren bittere Reminder, dass das Kind nicht mehr da ist, egal, wie oft und wie laut man nachts seinen Namen in die Stille ruft. Und doch haben sie mir geholfen, die äußere Abwesenheit allmählich anzuerkennen, mich aber nie davon abgehalten, im Inneren ein freudiges und zunehmend geordnetes Verhältnis zu meiner verstorbenen Tochter zu entwickeln.

Nicht alle Erinnerungen fallen leicht. Zum Beispiel die Musik zu hören, die ich mit ihr zusammen gehört habe. Die Musikvideos zu sehen, die wir zusammen geschaut haben. Ich habe entsprechende Playlists auf Youtube und Spotify, die ich so gut wie nie anrühre. Ich kann schlecht erklären, warum – es ist, als wäre mein Schmerz wie ein Spielstand in der Musik und den Playlists abgespeichert worden. Ein Schmerz, dem ich mich nur selten aussetzen kann oder will. Aber vielleicht sollte ich auch das öfter tun, es kann nicht schlimmer sein, als dieses Video zu schneiden. Und auch das hatte ja einen schönen heilsamen Moment am Ende.

Mein Sohn hat sich neulich beschwert, dass ihn an der Zeit mit seiner Schwester oft gestört habe, dass er noch habe Hausaufgaben machen müssen, während wir schon auf der Couch Arm in Arm Musikvideos geschaut hätten. Und überhaupt habe ihn Olivia oft genervt, da besteht er bei aller Liebe heute noch drauf. Aber das ist ebenfalls Erinnerungskultur; wir müssen uns nicht immer nur an schöne Dinge erinnern, das würde ja den Verstorbenen auch nicht gerecht.

Zuletzt eine metaphysische Anekdote. Im Jahr nach ihrem Tod lief ich in der Nähe unserer Wohnung am Ufer des Spreekanals entlang, als mich irgendetwas oder irgendwer von hinten an der Seite berührte. Ich drehte mich um, doch da war niemand. Weit und breit nicht. Vor ein paar Tagen bin ich nach Jahren erstmals wieder zu der Stelle gelaufen und habe mir selbst eingeredet, dass Olivia dort auf mich warte. Ich habe ein unsichtbares Mädchen an die Hand genommen und bin ein paar Schritte mit ihm gegangen. Ein paar Leute haben seltsam geschaut, doch danach ging es mir deutlich besser.

15

Das Schöne: Tanzen, Tätowierungen und Hamster

Ich hatte während der letzten Jahre mehr Freude am Leben als je zuvor.

Okay, den Satz muss ich selbst erst sacken lassen und noch mal überprüfen, ob er so stimmt. Ob ich ihn nicht einfach nur hinschreibe, um dieses letzte Kapitel mit einem *Knall* einzuleiten.

Doch auch nach mehrmaligem Lesen komme ich zu dem Schluss, dass es tatsächlich so ist. Müsste ich diese Freude konkret messen, so läge ihre Dauer, ihr Anteil unter dem von Trauer, Wut und Niedergeschlagenheit. Aber ihre Intensität wäre gleich hoch.

Schon wenige Wochen nach Olivias Diagnose habe ich an mir ein paar Veränderungen bemerkt. Es fing damit an, dass ich Musik anders wahrgenommen habe. Songtexte, einzelne Instrumente, Melodien – alles schien mir plötzlich greifbarer, eindringlicher. Musik erreichte mich auf eine Weise, die ich aus meinen Zwanzigern kannte. Es war mitunter fast anstrengend, Musik zu hören. Lieder im Radio, auf der kurzen Fahrt von unserer Wohnung ins Krankenhaus, Lieder, die wir zusammen beim Abendessen hörten, die Lieblingslieder der Kinder, etwa der Metalband Ghost, die bevorzugt mein Sohn und ich hörten, aber die auch Olivia ganz gut fand (in einem meiner Handyvideos schüttelt sie ganz wild den Kopf dazu): All diese Lieder bekamen plötzlich mehr Bedeutung, sie wurden zu Symbolen für Stimmungen, Jahreszeiten, Monate, einzelne Tage, für alles, was wir erlebten. Bestimmte Songs, Musik generell hat mir natürlich immer schon viel bedeutet, aber plötzlich bedeutete sie mehr denn je, ihre Schönheit und ihre Melancholie trieften aus jedem Takt, aus jeder Textzeile.

Ich habe ja bereits mehrmals beschrieben, wie wichtig mir diese »reinen« Trauermomente sind. Sich hinsetzen und weinen können. Konkret an unsere Tochter denken, sie vermissen, sich aber auch über die Zeit freuen, die man mit ihr erlebt hat. Wenn diese Momente passieren, haben sie oft mit Musik zu tun. Ich höre ein Lied, das mich an sie erinnert, ich bin nachts auf dem Heimweg und komme am Spielplatz in unserer Straße vorbei, wo ich mit ihr gespielt habe. Oder gehe noch mal die Stellen in unserem Park ab, an denen wir Eis gegessen und herumgealbert haben – der Park, der im Sommer ein Wasserspielplatz ist, auf dem sie sich den Eimer auf den Kopf gesetzt und geschrien und geschimpft hat, wenn sich jemand in der Schlange zur Wasserpumpe vordrängelte. Das alles bewahren bestimmte Songs für mich auf, und dafür bin ich dankbar.

Klar, die Musik muss nicht immer melancholisch sein. Sie kann auch irrational laut sein, Jazz oder Metal, deutsch, englisch, indisch, algerisch, sie kann von Schallplatte oder Spotify kommen, von Bach oder Beyoncé stammen. Ich weiß nur, dass ich Musik nicht nur mehr brauche als je zuvor, sondern auch mehr liebe. Das hat etwa dazu geführt, dass ich in den letzten Jahren mehr denn je Gitarre geübt und mir sogar ein E-Piano gekauft habe. Und mehr denn je drückt sich diese Liebe zur Musik auch im Tanzen aus.

Ich war zwar nie ein Dancefloor-Verweigerer, doch ich brauchte immer eine gewisse Menge an Alkohol und eine Menge an Menschen, zwischen denen ich mich und meine seltsamen Moves verstecken konnte. Als ich 2017 meine Freundin kennenlernte, schleppte sie mich ziemlich schnell zu einer Tanzveranstaltung, die ich alles andere als cool fand. Die Leute waren mir zu alt und spießig (so wie ich jetzt), und die Musik bestand überwiegend aus Radiohits. Die Tanzfläche war fast leer, und es lief ein Justin-Timberlake-Song aus dem Soundtrack zu einem Zeichentrickfilm über Trolle. Ich hatte also ganz sicher nicht vor zu tanzen. Doch die Freundin zog mich auf die menschenleere Tanzfläche, ohne Warm-up, ohne Schnaps – und ohne gute Musik. Sicher hat auch das Frischverliebtsein geholfen, aber an dem Abend habe ich gelernt, jederzeit und überall zu (fast) jedem Song zu tanzen. Meine nächste Lektion lautete: Slowdance-Runden zu alten Kuschelrock-Platten bei Kerzenlicht in der eigenen Wohnung.

Neben der zunehmenden Intensität von Musik fiel mir vor allem in den Wochen nach der Beerdigung auf, wie viel öfter ich den Boden unter meinen Füßen wahrnahm. Das ist keine Metapher, ich spürte jetzt viel öfter jeden meiner Schritte in jedem Zeh, und manchmal war mir, als ginge ich in Zeitlupe. Ich registrierte auch ansonsten mehr Details: das Wachstum der Pflanzen und Blumen auf dem Grab und in meiner Wohnung, den Wind und das Wetter, einzelne Geräusche, Gespräche anderer Menschen in der U-Bahn und im Café. Ich war extrem permeabel für Texturen. Und über all diesen Elementen schwebte in den ersten Monaten Olivias Geist; es war fast, als wäre sie noch anwesend, als machte sie mich auf all diese Einzelheiten und ihre Schönheit aufmerksam. An manchen Tagen empfand ich so etwas wie eine magische Harmonie der Dinge. Womöglich hätte ich anders empfunden, wenn ihr Abschied nicht so friedlich gewesen wäre, das sei hier auch eingeräumt.

Ein Thema, das mir immer wieder in diversen Artikeln, in Trauerforen oder Social-Media-Channels wie »21Gramm« (ein Instaprofil des WDR über Trauer) begegnet, ist »Sex«. Da sehe ich Fragen wie: Soll man während einer Trauerphase Sex haben? Wie schnell nach einem Todesfall kann man wieder Sex haben? Kann man von Trauernden Sex erwarten? Ich kann darauf natürlich keine fundierten Antworten geben, vor allem habe ich mir keine dieser Fragen je selbst gestellt. Ich hatte einfach Sex, wenn es für mich und mein Gegenüber gepasst hat. Zumindest eines kann ich sagen: Ich habe Sex in diesen Jahren intensiver und physischer als je zuvor wahrgenommen, aber ich war auch die meiste Zeit sehr verliebt. Und jetzt kommt ein Ausdruck, bei dem mir normalerweise selbst die Haare zu Berge stehen: Ich habe mich selbst mehr *gespürt*. Man sagt ja manchmal, dass Menschen, die mit dem Tod in Berührung kämen, intensivere Erfahrungen suchten. Ich habe sie nicht gesucht, sie kamen von selbst zu mir.

Was mir in den Trauerphasen besonders geholfen hat und immer noch hilft, ist das Berührtwerden an sich. Nicht unbedingt von fremden Leuten in der M10 Richtung Warschauer Straße, sondern von Menschen, die man mag. Bevor ich Kinder hatte, war ich kein »Umarmungs-Mensch«. Vor zehn Jahren wäre mir die Corona-Etikette eher entgegengekommen, doch mit der Zeit habe ich mich zu meinem eigenen Erstaunen zu jemandem entwickelt, der andere Menschen wirklich sehr gerne umarmt und sich sogar bereitwillig drücken lässt. Aber nicht nur Umarmungen haben in dieser Zeit bei mir an Beliebtheit gewonnen, sondern auch Massagen. Seit meinen diversen Bandscheibenvorfällen im letzten Jahrzehnt war ich ein häufiger Gast von Physiotherapeut:innen, habe Osteopathie ausprobiert und gehe gelegentlich zu einer Thai-Massage. Mir ist aber nicht nur nach sanften Berührungen: Ich will Physis. Es darf auch mal wehtun. Im Internet findet man sogar an Trauerarbeit angepasste Massageangebote; ich habe sie nicht ausprobiert, nehme aber an, dass man dort etwas sanfter mit den Klient:innen verfährt als bei meiner üblichen Masseurin.

In diesem letzten Kapitel geht es nicht um Eskapismus, es geht um »Selbstfürsorge«, also darum, die Dinge zu finden und zu beachten, die einem guttun. Die ein gutes Gefühl erzeugen, bei gleichzeitigem Wissen um die eigene Trauer.

Olivia ist 2019 gestorben, und im Jahr 2020 wollte ich anfangen, wieder ein bisschen mehr zu reisen. Vielleicht mal für ein paar Wochen nach Japan oder einen Monat lang von Rom aus arbeiten. Dann war da diese Pandemie. Dafür wurden meine Reisen in die bayerische Heimat zahlreicher. Zu meinen Eltern. Deren Haus und Dorf haben sich in den letzten Jahren zu einem echten Ruheort entwickelt. Einem, an dem ich auch zehn Tage am Stück bleiben kann. Unser gemeinsamer Verlust hat uns als Familie stark verbunden, und ich nehme auch meine niederbayerische Heimat – der ich lange Jahre eher ambivalent gegenüberstand – heute mehr denn je als Refugium wahr, schätze die kleinen, apathischen Dörfer, die Großzügigkeit der umgebenden Wälder und Wiesen, die gleichgültige Weite der Natur. Die an wolkenlosen Tagen uneingeschränkte Sicht vierzig Kilometer weit bis in den Bayerischen Wald. Die langen Fahrradwege, die Unaufgeregtheit von Städten wie Straubing, Regensburg oder Kelheim, die Behäbigkeit der Donau, die kleine Hügelkette rund um unser Dorf. Ich kann natürlich nicht leugnen, dass ich mich auch freue, wenn der Zug wieder ins dunkle Untergeschoss des Berliner Hauptbahnhofs einfährt, aber das ist ja das Schöne mittlerweile: Egal, wohin ich komme, ich bin gerne da.

Mein Vater fühlt sich nicht besonders wohl in Berlin. Auf der Beerdigung seiner Enkelin hat er sich mit einem meiner alten Freunde unterhalten, der ebenfalls aus Bayern kommt. Zusammen haben sie die Katastrophen der letzten Jahre auf die Stadt selbst gemünzt und resümiert, dass eine Großstadt wie Berlin das Elend regelrecht anziehe. Zunächst war ich empört über diese Art von Schulterschluss, aber dann habe ich erkannt, dass das wohl ihre hilflose Art war, Ereignisse an einem konkreten Ort festzumachen, dem man hatte entkommen können. Genau durch dieses Gespräch ist mir aber noch mal bewusster geworden, wie deutlich ich das Schöne an Berlin sah und sehen wollte. Bis in die entlegensten Ecken dieser Stadt, die man in einer Lebenszeit kaum in Gänze erkunden kann, bin ich mit dem Fahrrad gefahren. Es gab Tage, da bin ich einfach aufgestanden und losgefahren. Zwei Stunden bis zum Müggelsee und noch mal eine bis zum neuen Flughafen, der damals gerade erst eröffnet worden war. Oder über den alten Mauerweg entlang der Stadtgrenze. Stundenlang bin ich auch zu Fuß durch die Stadt gelaufen, vor allem im Sommer. Ich war in den obskursten Restaurants, habe viele Parks in den vergangenen Jahren zum ersten Mal gesehen – und vielleicht auch zum letzten Mal, denn die Stadt ist einfach zu groß, um an jeden schönen Platz zurückkehren zu können. Selbst nach zwanzig Jahren Berlin folge ich noch Straßen, die ich bisher nie betreten habe, verschlägt es mich in Viertel, in denen ich nie zuvor gewesen bin, auf alte Brücken, in obskure Moorlandschaften, in Industrieanlagen, an weitläufige Seen mit langen Sandbänken.

Im Sommer 2019 hat jemand mehrere Hamsterbabys im Treppenhaus einer Bekannten ausgesetzt. Mein Sohn wünschte sich seit Langem eine Katze, doch sowohl er als auch wir Eltern haben leider eine entsprechende Tierhaar-Allergie, und so beschlossen Mutter und Sohn spontan, einen jener Hamster aufzunehmen. Genauer gesagt beschlossen sie, *ich* solle eins der Tiere aufnehmen, denn innerhalb einer Woche standen der Käfig und das Futter in *meiner* Wohnung. Da mein Sohn nur die halbe Woche bei mir ist, war ich von jetzt an auch Alleinerzieher eines Dsungarischen Zwerghamsters namens *Hamsti Damsti*.

Die Hamster-Akquise fiel mit einer Trennung zusammen; es war also vorprogrammiert, dass der Hamster schon bald mein bester Freund und Zuhörer werden (und dafür wirklich sehr viele Kürbiskerne von mir bekommen) würde. Dabei musste der Hamster nichts weiter tun, als im Zimmer nebenan zu wohnen und nachts in seinem Rad herumzulaufen – schon habe ich mich weniger allein gefühlt. Hamsti war gewissermaßen mein Therapiehamster. Leider lebt ein Dsungarischer Zwerghamster im Schnitt nur ein bis zwei Jahre lang, und so kam der Abschied doch schneller, als wir gehofft hatten. Danach habe ich eine Weile darüber nachgedacht, einen Hund aufzunehmen, bin aber bis heute zu keinem richtigen Schluss gekommen. Dass schon der Tod des Hamsters uns alle so erschreckt hat, war ein Indikator dafür, dass ich vielleicht noch nicht bereit für Haustier bin.

Sich nach einem einschneidenden Erlebnis oder eben auch einem Trauerfall tätowieren zu lassen, ist weder besonders originell noch besonders abwegig. Vor allem wenn man wie ich eh schon reichlich Farbe auf der Haut hat. Dennoch kann ich sagen, dass diese Jahre vier Tätowierungen hervorgebracht haben, mit denen ich viel Positives verbinde. Auf dem linken Unterarm ist eine Astronautin zu sehen, die keine Angst vor dem Unbekannten hat – auch eine Hommage an Olivia. Auf dem rechten Arm befindet sich eine stilisierte Version meines Krafttiers, des Hirschs, der mich bei jedem Blick auf den Unterarm dazu ermuntert, »ruhig zu bleiben«. Im letzten Jahr kam unter der Astronautin noch ein *Benu* dazu, ein ägyptischer Vogelgott, der für Wiedergeburt steht und eine Art mythologischer Vorläufer des Phönix ist. Ein paar Wochen vor Lektoratsschluss habe ich dann noch einen Tiger auf der Brust ergänzt, in Anlehnung an Katy Perrys »*Roar*« und an Olivias »Katy-keine-Angst«-Spruch. Diese vier Tätowierungen stehen in erster Linie für Inspiration und Durchhaltevermögen in schwierigen Zeiten, sie sind wie ein Knoten im Taschentuch, eine Erinnerung an etwas, das ich mir vorgenommen habe. Genauer gesagt: Neugier, Ruhe, Neuanfang und Mut.

Mir wurde öfter empfohlen, eine Art Trauertagebuch zu führen – dieses Buch ist vermutlich eine Version davon. Es gab auch mal eine Zeit – nach der Trennung von meiner Freundin –, in der ich täglich Gedanken und Stimmungen festgehalten habe. Daran kann ich heute noch sehen, wie wenig meine Enttäuschung oder Niedergeschlagenheit stagnierte. Im Gegenteil: Ich kann nachlesen, wie viel Gutes selbst in einer schwierigen Zeit passiert ist, wie sich meine Gefühle täglich geändert haben. Beruflich kann ich zwar nicht behaupten, dass das Schreiben in den letzten Jahren unentwegt die reinste Freude war, aber ich habe immer davon profitiert, überhaupt etwas aufgeschrieben zu haben. Mir diente es als Beweis dafür, überhaupt noch kreativ zu sein, denn das war nicht in allen Bereichen so. Seit einigen Jahren ist meine Fähigkeit, Songs zu schreiben, nahezu verschwunden. Ich bilde mir ein, das mal ganz gut gekonnt zu haben. Früher tat ich mich leicht mit Melodien, Akkorden und Songstrukturen. Doch fast über Nacht wurde das Songschreiben mühsam und das Ergebnis mittelmäßig bis schlecht. Umso tröstlicher, dass ich weiterhin ohne jede Einschränkung meine Bücher schreiben konnte. Oder besser Gitarre spielte als früher. Oder besser tanzen konnte. Nein, das stimmt nicht.

Es gibt ja diese menschliche Macke, dass man hauptsächlich die negativen Erlebnisse bilanziert. Du hast gut geschlafen, fühlst dich halbwegs gesund, hast einen guten Arbeitstag, doch der Gesamttag bleibt dir in schlechter Erinnerung, weil dir irgendeine Arschgeige auf dem Nachhauseweg die Vorfahrt genommen hat und dann auch noch die Waschmaschine kaputt ging. Es könnten zehn wirklich angenehme Dinge passieren, aber die zwei unangenehmen definieren das Paradigma eines beschissenen Tages. Diese Defizit-Orientiertheit habe ich in den letzten Jahren versucht abzulegen. Dabei will ich weder eine bedingungslose Carpe-diem-Attitüde noch eine epikureische Lebensweise kultivieren und schon gar nicht einer Coaching-Mentalität vom guten und immer besser werdenden Leben folgen. Doch mittlerweile fällt es mir nicht nur leichter, die guten Momente, die guten Tage, die guten Wochen zu erkennen, ich kann mich auch ad hoc über sie freuen und sie genau so in Erinnerung behalten – als gute Momente. Denn die hören nicht auf, nur weil man trauert. In meinem Fall sind sie oft noch besser geworden, vielleicht auch weil ich um ihre Flüchtigkeit weiß.

Nachwort: Seegang

In meinem allerersten Exposé trug dieses Buch noch den Titel *In Wellen*. Denn das war meine erste Beobachtung während der Analyse meiner eigenen Trauer: wie sehr und wie schnell sich meine Empfindungen, Ängste, Hoffnungen und Zustände änderten. Daher fiel es mir häufig schwer, bei manchen der hier behandelten Themen so etwas wie Schlussfolgerungen zu ziehen, weil sich nicht nur meine Gefühle, sondern auch die Einschätzung derselben im andauernden Fluss befanden. Bis heute bin ich unschlüssig, wie viel Platz ich meiner Trauer einräumen soll. Wann folge ich ihr – und gerate damit zuweilen in die eher resignativen Räume meines Bewusstseins –, und wann blende ich sie aus pragmatischen Gründen aus? Wie viel Kraft darf der Spagat zwischen Trauer und Alltag kosten? Betreibe ich genug aktive Trauerarbeit? Oder übertreibe ich es sogar? Bin ich traurig genug? Oder nicht genug? Wie weit bin ich eigentlich selbst auf meinem Weg? Gibt es überhaupt Etappen? Und vor allem: Wie qualifiziert bin ich, um über meine Trauer ein ganzes Buch zu schreiben, das anderen Menschen helfen soll? Gerade weil ich ja herausgefunden habe, wie extrem spezifisch und individuell sie sich gestaltet.

Die Antworten auf diese Fragen fallen je nach Woche oder

Tag unterschiedlich aus. Als ich im Frühjahr 2022 anfing, dieses Buch zu schreiben, war ich überzeugt davon, nicht nur für mich selbst, sondern möglicherweise auch für andere einen guten Weg gefunden zu haben, mit Trauer umzugehen. Im Herbst desselben Jahres, rund um Olivias achten Geburtstag, erfasste mich dann eine unerwartete neue Welle der Erschöpfung und Niedergeschlagenheit, sodass ich plötzlich daran zweifelte, mit diesem Buch jemandem helfen zu können – offenbar bewirkten meine Maßnahmen ja noch nicht einmal bei mir das Notwendigste, um den Kopf über Wasser zu halten. Schließlich erinnerte ich mich aber wieder an den ursprünglichen Titel des Buches und fand zudem eine alte, im Manuskript längst gelöschte Notiz darüber, den einzelnen Wellen nicht zu viel übergeordnete Bedeutung beizumessen, sondern stattdessen zu beobachten, wie die Scheitelpunkte dieser Wellen im Lauf der Jahre kontinuierlich sinken.

Einer meiner Lieblingsdichter, Dylan Thomas, verleiht in seinem vielleicht berühmtesten Gedicht »*Do not go gentle into that good night*« dem verzweifelten Wunsch eines Sohnes Ausdruck, der Vater möge um sein Leben kämpfen, es am Ende um jeden Preis auskosten: »*Rage against the dying of the light*«[48] – »Verfluch den Tod des Lichts mit aller Macht«[49], heißt es in einer deutschen Übersetzung. »Widersetz dich dem sterbenden Tag« – so würde ich den Vers übersetzen. Ich hänge diesem Gedanken nicht bedingungslos an, aber im letzten Jahr, als ich dieses Buch schrieb, begriff ich, dass ich mich immer wieder aufs Neue gegen die Resignation wehren muss: Es gibt vorerst kein Plateau, keinen Gipfel meiner Trauer, ab dem es für immer besser bleibt. Manchmal muss man kämpfen, und manchmal darf man sich auch einfach nur ausruhen, die Wellen beobachten und lernen, ein noch besserer Surfer zu werden.

Am Ende ist es mir noch mal wichtig, zu betonen, dass ich auch deshalb so beharrlich an mir arbeite, um weiterhin für andere zu funktionieren. Für meinen Sohn Ludwig, für meine ganze Familie. Diese Introspektion soll nicht allein dazu dienen, dass es mir als Individuum besser geht. Ich will aus der Trauer lernen, aber mit meinem Wissen um ihre Dimension auch anderen helfen. Ginge es am Ende nur mir selbst besser, hätte ich für meinen Geschmack zu wenig daraus gelernt.

DANKE

Dieses Buch hätte nicht entstehen können ohne die Hilfe und Geduld von Barbara und Ludwig Mayer. Nicht ohne die Beratung und Expertise von Dr. Chu-Won Sim. Danke auch an meine Lektorin Tanja Rauch, die es mir überhaupt erst ermöglicht hat, dieses Buch zu veröffentlichen, entgegen meiner eigenen Zweifel. Danke auch an Sylke Richter. Und ganz wichtig: Ich danke von Herzen meinen Eltern, meinen beiden Schwestern und allen, die uns in den letzten Jahren unterstützt oder auch nur hin und wieder gefragt haben, wie es uns geht.

LITERATUR

Hier ist eine Auswahl an Büchern, aus denen ich gelegentlich zitiere, die ich bei der Auseinandersetzung mit Trauer empfehlen würde, die mich informiert oder sogar beeinflusst haben. Mein Dank gilt den Autor:innen.

Bucay, Jorge, *Das Buch der Trauer. Wege aus Schmerz und Verlust*, aus dem Spanischen von Lisa Grüneisen, 3. Aufl., Frankfurt a. M. 2021

Chödrön, Pema, *Wenn alles zusammenbricht. Hilfestellung für schwierige Zeiten*, München 2001

Eland, Eva, *Gebrauchsanweisung gegen Traurigkeit*, aus dem Englischen von Saskia Heintz, München 2021

Hagen, Steve, *Buddhismus kurz und bündig. Prinzipien und Praxis*, aus dem Amerikanischen von Ursula Gail, München 2000

Harner, Michael, *Der Weg des Schamanen. Das praktische Grundlagenwerk zum Schamanismus*, aus dem Amerikanischen von Agnes Klein und Heinrich F. Tophinke, Berlin 2004

Hauf, Monika (Hrsg.), *Das Tibetanische Totenbuch*, 12. Aufl., München 2003

Iyengar, B. K. S., *Licht auf Yoga. Das grundlegende Lehrbuch*

des Hatha-Yoga, aus dem Englischen von Ursula von Mangoldt, München 2010
Kabat-Zinn, Jon, *Im Alltag Ruhe finden. Meditationen für ein gelassenes Leben*, aus dem Amerikanischen von Theo Kierdorf und Hildegard Höhr, München 2019
Kachler, Roland, *Meine Trauer wird dich finden. Ein neuer Ansatz in der Trauerarbeit*, Freiburg im Breisgau 2005
Kornfield, Jack, *Das weise Herz. Die universellen Prinzipien buddhistischer Psychologie*, aus dem Amerikanischen von Elisabeth Liebl, 3. Aufl., München 2008
Lauren, Mark, *Fit ohne Geräte. Die 90-Tage-Challenge für Männer*, 6. Aufl., München 2018
Lynch, David, *Catching the Big Fish: Meditation, Consciousness and Creativity*, New York 2007
Pachl-Eberhart, Barbara, *Warum gerade du? Persönliche Antworten auf die großen Fragen der Trauer*, München 2014
Richter, Sylke, *Eure Liebe: Haltung, Methoden und Interventionen für die Paartherapie*, Heidelberg 2023
Sörries, Reiner, *Herzliches Beileid. Eine Kulturgeschichte der Trauer*, Darmstadt 2012
White, John, *Everything You Want to Know about TM – Including How to Do It*, New York 1976
Zachrau, Andrea, *Der Dsungarische Zwerghamster. Phodopus sungorus*, Münster 2020
Zauner, Michelle, *Crying in H Mart: A Memoir*, New York 2021

ANMERKUNGEN

[1] Bucay, Jorge, *Das Buch der Trauer. Wege aus Schmerz und Verlust*, aus dem Spanischen von Lisa Grüneisen, 3. Aufl., Frankfurt a. M. 2021, S. 77.

[2] Ebd., S. 83.

[3] Wikipedia-Artikel »*Mono no aware*« (engl.), https://en.wikipedia.org/wiki/Mono_no_aware [zuletzt aufgerufen am 11.08.2023].

[4] Rita Rosner, zitiert nach: Windmann, Antje, »Wie lange darf man trauern, Frau Rosner?«, in: *SPIEGEL* 15/2022 vom 12.04.2021, https://www.spiegel.de/psychologie/tod-und-trauer-wie-lange-darf-man-trauern-a-8a716bad-ea0f-4c35-a227-18869ae17d60 [zuletzt aufgerufen am 11.08.2023].

[5] Bucay, *Das Buch der Trauer* (wie Anm. 1), S. 179 ff.

[6] Stichwort »Liebe« im »Lexikon der Psychologie« – *Spektrum.de*, https://www.spektrum.de/lexikon/psychologie/liebe/8878 [zuletzt aufgerufen am 11.08.2023].

[7] »Das ›Syndrom des gebrochenen Herzens‹, in medizinischen Kreisen auch ›Takotsubo-Syndrom oder Stress-Kardiomyopathie‹ genannt, ist eine noch nicht vollständig erforschte Krankheit. Es verursacht ähnliche Symptome wie ein Herzinfarkt, also zum Beispiel Herzschmerzen und Atemnot (…). Zumeist werden emotionale oder körperliche

Ausnahmesituationen als Ursache vermutet.« Zitiert nach: »Wie krank das ›Broken-Heart-Syndrom‹ wirklich macht«, AOK – Gesundheitsmagazin, 18.08.2021, https://www.aok.de/pk/magazin/familie/liebe-sexualitaet/gefaehrlich-wie-ein-herzinfarkt-das-broken-heart-syndrom/ [zuletzt aufgerufen am 11.08.2023].

8 Schroeder, Vera, »Krank vor Liebe«, in: *Süddeutsche Zeitung* Nr. 156, 09.07.2022.

9 Henrik Walter, zitiert nach: ebd.

10 Vgl. Kara, Stefanie, »Was, wenn nicht Serotonin?«, *ZEIT ONLINE*, 04.05.2023, https://www.zeit.de/gesundheit/2023-03/antidepressiva-depressionen-medikamente-wirkweise-studien?mj_campaign=nl_ref&mj_content=zeitde_text_link_x&mj_medium=nl&mj_source=int_zonaudev_Unsere%20Empfehlungen%20der%20Woche [zuletzt aufgerufen am 11.08.2023].

11 Gemeinsames Giftinformationszentrum (GGIZ), »Arzneimittel: Citalopram«, https://www.ggiz-erfurt.de/citalopram.html [zuletzt aufgerufen am 10.08.2023].

12 Steinhäuser, Jost (Hrsg.), *PraxisSkills Allgemeinmedizin: Medizinische Prozeduren für die Hausarztpraxis*, 2. Aufl., Stuttgart 2018, S. 92 ff.

13 Vgl. den früheren Wikipedia-Artikel zum Stichwort »Neuraltherapie«, https://web.archive.org/web/20220320034115/https://de.wikipedia.org/wiki/Neuraltherapie [zuletzt aufgerufen am 11.08.2023].

14 Wikipedia-Artikel »Kinesiologie«, https://de.wikipedia.org/wiki/Kinesiologie_(Parawissenschaft) [zuletzt aufgerufen am 11.08.2023].

15 Kachler, Roland, *Meine Trauer wird dich finden. Ein neuer Ansatz in der Trauerarbeit*, Freiburg im Breisgau 2005, S. 15 f.

16 Richter, Sylke, *Eure Liebe – Haltungen, Methoden und Interventionen für die Paartherapie*, 2. Aufl., Heidelberg 2023, S. 11.

17 Vgl. Heinemann, Martina, »Theta Healing – was ist das? Das hat es mit der Heilmethode auf sich«, *Focus Online*, 13.10.2021; dort heißt es: »Theta Healing ist eine energetische Heilmethode, die Körper, Seele und Geist in Einklang bringen soll. Die Technik soll Menschen dabei unterstützen, sich von ihren Blockaden zu befreien.« https://praxistipps.focus.de/theta-healing-was-ist-das-das-hat-es-mit-der-heilmethode-auf-sich_125254 [zuletzt aufgerufen am 11.08.2023].

18 Vgl. Andreas Ritzenhoff, in: Loschen, Kim Kristin, »Interview mit Oldenburger Diplom-Psychologe Andreas Ritzenhoff«, *NWZonline*, 15.07.2022, https://www.nwzonline.de/sport/lauf-gehts-trauerbewaeltigung-durch-sport-experte-andreas-ritzenhoff-im-interview_a_51,8,2155988049.html# [zuletzt aufgerufen am 11.08.2023].

19 Iyengar-Yoga, eine Variante des Hatha-Yoga, wurde von dem indischen Yoga-Lehrer B. K. S. Iyengar entwickelt, der Wert auf die exakte Ausrichtung und Balance des Körpers während der Übungen gelegt und zudem diverse Hilfsmittel wie Matten, Gurte und Klötze in die Praxis eingeführt hat.

20 Lauren, Mark: *Fit ohne Geräte. Die 90-Tage-Challenge für Männer*, 6. Aufl., München 2018.

21 Ebd., S. 7.

22 Hagen, Steve, *Buddhismus kurz und bündig. Prinzipien und Praxis*, aus dem Amerikanischen von Ursula Gail, München 2000.

23 Ebd., S. 21.

[24] Ebd., S. 28.

[25] Ebd., S. 39 f.

[26] Ebd., S. 48.

[27] Kornfield, Jack, *Das weise Herz. Die universellen Prinzipien buddhistischer Psychologie*, aus dem Amerikanischen von Elisabeth Liebl, 3. Aufl., München 2008, S. 341.

[28] Ebd., S. 342.

[29] Wikipedia-Artikel »Achtsamkeitsbasierte Stressreduktion«, https://de.wikipedia.org/wiki/Achtsamkeitsbasierte_Stressreduktion [zuletzt aufgerufen am 11.08.2023].

[30] Kabat-Zinn, Jon, *Im Alltag Ruhe finden. Meditationen für ein gelassenes Leben*, München 2019, S. 22.

[31] Vgl. Wikipedia-Artikel »*Spiritual bypass*« (engl.), https://en.wikipedia.org/wiki/Spiritual_bypass [zuletzt aufgerufen am 11.08.2023].

[32] Vgl. »Sodbrennen: Säureblocker mit Nebenwirkungen«, NDR – *Ratgeber: Gesundheit*, 23.10.2018, https://www.ndr.de/ratgeber/gesundheit/Sodbrennen-Saeureblocker-mit-Nebenwirkungen,sodbrennen102.html [zuletzt aufgerufen am 11.08.2023].

[33] Zauner, Michelle, *Crying in H Mart: A Memoir*, New York 2021, S. 4. In der deutschen Übersetzung lautet das Zitat: »(…) ich spürte stets, wie mir ihre Zuneigung aus den Lunchpaketen, die sie packte, und aus den Mahlzeiten, die sie genau nach meinen Vorlieben zubereitete, entgegenstieg.« In: Zauner, Michelle, *Tränen im Asia-Markt. Eine Geschichte von Trauer, Liebe und koreanischem Essen*, aus dem Amerikanischen von Corinna Rodewald, Berlin 2021, S. 7.

[34] »Wirksamkeit von Gruppentherapien«, *therapie.de – die Therapeutensuche von Pro Psychotherapie e. V.*, www.thera-

pie.de/psyche/info/therapie/gruppentherapie/wirksamkeit/ [zuletzt aufgerufen am 11.08.2023].

35 Deutsche Krebsgesellschaft, »Kinderonkologie – Was hilft Kindern mit Krebs und deren Eltern?«, *ONKO Internetportal*, https://www.krebsgesellschaft.de/onko-internetportal/basis-informationen-krebs/leben-mit-krebs/beratung-und-hilfe/kinderonkologie-was-hilft-kindern-mit-krebs-und.html [zuletzt aufgerufen am 11.08.2023].

36 Der Dialog zwischen Jack (Keanu Reeves) und Annie (Sandra Bullock) im Film *Speed* (1994) lautet auf Deutsch: Jack: »Ich muss dich warnen. Ich hab gehört, dass Beziehungen, die auf extremer Erfahrung beruhen, nicht von Dauer sind.« Annie: »Na schön. Dann muss unsere Grundlage Sex sein.«

37 Bundesverband Deutscher Bestatter e. V., »Trauer bei Kindern«, https://www.bestatter.de/wissen/trauerhilfe-und-trauerbewaeltigung/trauerbegleitung-von-kindern/ [zuletzt aufgerufen am 11.08.2023].

38 Ebd.

39 Eland, Eva, *Gebrauchsanweisung gegen Traurigkeit*, aus dem Englischen von Saskia Heintz, München 2021 (ohne Seitenzahlen).

40 Sim, Chu-Won, u. a.: »If only I could turn back time – Regret in bereaved parents«, in: *Pediatric Blood & Cancer* (2020); 67 (6):e28265.

41 Ebd.

42 Mayer, Berni, *Das vorläufige Ende der Zeit*, Köln 2023.

43 Buonomano, Dean, *Your Brain Is a Time Machine. The Neuroscience and Physics of Time*, New York 2017.

44 Mayer, Berni, *Rosalie*, Köln 2016.

45 Mayer, Berni, *Ein gemachter Mann*, Köln 2019.

[46] Losensky, Anne, »Die erschütternden Sätze einer Mutter, die ihr Kind (3) beim SUV-Unfall verlor«, in: *B.Z. – Die Stimme Berlins*, 12.01.2022, https://www.bz-berlin.de/polizei/menschen-vor-gericht/die-erschuetternden-saetze-einer-mutter-die-ihr-kind-3-beim-suv-unfall-verlor [zuletzt aufgerufen am 11.08.2023].

[47] Kachler, *Meine Trauer wird dich finden* (wie Anm. 15), S. 13.

[48] Thomas, Dylan, »*Do not go gentle into that good night*«, in: ders., *Dylan Thomas* [Band 31 der Reihe *Everyman's poetry*], 10. Aufl., London 1997, S. 94.

[49] Deutsche Übersetzung des Dylan-Thomas-Verses von Johanna Schall nach: http://kulturtipp.trendresistent.com/2013/11/11/dylan-thomas-geh-nicht-gelassen-in-die-gute-nacht/ [zuletzt aufgerufen am 11.08.2023].